Thomas Reisinger

E-Recruiting

Thomas Reisinger

E-Recruiting

Personalbeschaffung über das Internet

VDM Verlag Dr. Müller

Impressum/Imprint (nur für Deutschland/ only for Germany)
Bibliografische Information der Deutschen Nationalbibliothek: Die Deutsche Nationalbibliothek verzeichnet diese Publikation in der Deutschen Nationalbibliografie; detaillierte bibliografische Daten sind im Internet über http://dnb.d-nb.de abrufbar.

Alle in diesem Buch genannten Marken und Produktnamen unterliegen warenzeichen-, marken- oder patentrechtlichem Schutz bzw. sind Warenzeichen oder eingetragene Warenzeichen der jeweiligen Inhaber. Die Wiedergabe von Marken, Produktnamen, Gebrauchsnamen, Handelsnamen, Warenbezeichnungen u.s.w. in diesem Werk berechtigt auch ohne besondere Kennzeichnung nicht zu der Annahme, dass solche Namen im Sinne der Warenzeichen- und Markenschutzgesetzgebung als frei zu betrachten wären und daher von jedermann benutzt werden dürften.

Coverbild: www.purestockx.com

Verlag: VDM Verlag Dr. Müller Aktiengesellschaft & Co. KG
Dudweiler Landstr. 99, 66123 Saarbrücken, Deutschland
Telefon +49 681 9100-698, Telefax +49 681 9100-988, Email: info@vdm-verlag.de

Herstellung in Deutschland:
Schaltungsdienst Lange o.H.G., Berlin
Books on Demand GmbH, Norderstedt
Reha GmbH, Saarbrücken
Amazon Distribution GmbH, Leipzig
ISBN: 978-3-639-22646-1

Imprint (only for USA, GB)
Bibliographic information published by the Deutsche Nationalbibliothek: The Deutsche Nationalbibliothek lists this publication in the Deutsche Nationalbibliografie; detailed bibliographic data are available in the Internet at http://dnb.d-nb.de .

Any brand names and product names mentioned in this book are subject to trademark, brand or patent protection and are trademarks or registered trademarks of their respective holders. The use of brand names, product names, common names, trade names, product descriptions etc. even without a particular marking in this works is in no way to be construed to mean that such names may be regarded as unrestricted in respect of trademark and brand protection legislation and could thus be used by anyone.

Cover image: www.purestockx.com

Publisher:
VDM Verlag Dr. Müller Aktiengesellschaft & Co. KG
Dudweiler Landstr. 99, 66123 Saarbrücken, Germany
Phone +49 681 9100-698, Fax +49 681 9100-988, Email: info@vdm-publishing.com

Copyright © 2010 by the author and VDM Verlag Dr. Müller Aktiengesellschaft & Co. KG and licensors
All rights reserved. Saarbrücken 2010

Printed in the U.S.A.
Printed in the U.K. by (see last page)
ISBN: 978-3-639-22646-1

Vorwort

Der Wettbewerb um die besten Mitarbeiter wird immer härter. Die Personalabteilungen der Unternehmen sehen sich Herausforderungen gegenüber, die nicht zu unterschätzen sind. Die richtigen Medien zur Personalsuche müssen gewählt, potentielle Arbeitnehmer richtig angesprochen werden.

Das Internet spielt dabei mit seiner weltweiten Vernetzung und dauerhaften Verfügbarkeit eine wesentliche Rolle. Die Personalbeschaffung macht auch davor nicht halt. Electronic Recruiting, kurz E-Recruiting, bietet eine hervorragende Möglichkeit, den Prozess der Mitarbeitersuche und –gewinnung umzusetzen.

Dieses Buch widmet sich dem Thema E-Recruiting und beantwortet die Frage, welche Möglichkeiten sich Unternehmen generell aber insbesondere am Beispiel Österreichs dabei bieten. Um dies aufzuzeigen, werden die Vor- und Nachteile des E-Recruitings und die Instrumente, die ihnen zur Verfügung stehen, erläutert. Das Ziel eines kompletten E-Recruiting-Prozesses und dessen Grenzen werden ebenso recherchiert, wie die gegenwärtige Relevanz des Internets in Österreich. Abschließend wird ein Blick in die Zukunft gewagt.

Zielgruppe des hier vorlegenden Buches sind vor allem die Personalabteilungen der Unternehmen aber auch Personen, die sich mit Personalbeschaffung und –gewinnung auseinandersetzen oder dafür interessieren.

Zum Schluss darf ich meiner Familie, meiner Freundin und all jenen dafür danken, die mich bei der Erstellung dieses Buches unterstützt und dazu inspiriert haben.

Wien, Januar 2010   DI (FH) Reisinger Thomas

Inhaltsverzeichnis

Vorwort I

Inhaltsverzeichnis III

Abbildungsverzeichnis VI

1. Einleitung 1
   1.1. Problemstellung 1
   1.2. Zielsetzung und Themengebiet 1
   1.3. Aufbau des Buches 2

2. Personalbeschaffung 3
   2.1. Definition 4
   2.2. Arten der Personalbeschaffung 4
   2.3. Wege der Personalbeschaffung 7
      2.3.1. Interne Personalbeschaffung 7
         2.3.1.1. Überstunden und Mehrarbeit 9
         2.3.1.2. Urlaubsverschiebung und Urlaubsstopp 9
         2.3.1.3. Personalentwicklung für die derzeitige oder für eine andere Stelle ... 9
         2.3.1.4. Interne Stellenausschreibung 10
         2.3.1.5. Versetzung 11
         2.3.1.6. Umwandlung von Teilzeit- in Vollzeit-Arbeitsverhältnisse und von befristeten in unbefristete Arbeitsverhältnisse ... 12
      2.3.2. Externe Personalbeschaffung 12
         2.3.2.1. Arbeitsvermittlung 15
         2.3.2.2. Personalberater 15
         2.3.2.3. Personalleasing 16
         2.3.2.4. Externe Stellenanzeige 16
         2.3.2.5. Bewerberdateien 18
         2.3.2.6. Externe Werkverträge und freie Dienstverträge 19
         2.3.2.7. Abwerbung 19
         2.3.2.8. Empfehlung von Betriebsangehörigen 19

Inhaltsverzeichnis

2.3.2.9.	Scouting	20
2.3.2.10.	E-Recruiting	21
2.3.3.	Vor- und Nachteile der Personalbeschaffungswege	22

3. E-Recruiting 23

3.1.	Definition	24
3.2.	Abgrenzung des E-Recruitings	25
3.3.	Relevanz des E-Recruitings	26
3.3.1.	Internet in Österreich	28
3.3.2.	Zielgruppen	33
3.4.	Der E-Recruiting Prozess	37
3.4.1.	Ausschreibung über Online-Stellenanzeigen	38
3.4.2.	Mediaplanung	38
3.4.3.	Datenbankgestützte Bewerbungsformulare	39
3.4.4.	Bewerbermanagement	39
3.4.5.	Statistik und Controlling	40
3.4.6.	Beurteilung des E-Recruiting-Prozesses	40
3.5.	Instrumente des E-Recruitings	41
3.5.1.	Nichtkommerzielle Jobbörsen	43
3.5.2.	Kommerzielle Jobbörsen	44
3.5.2.1.	Karriere-Portale	47
3.5.2.2.	Regionale Jobbörsen	55
3.5.2.3.	Branchen- oder berufsspezifische Jobbörsen	55
3.5.2.4.	Unilaterale Jobbörsen	57
3.5.2.5.	Medientransformatoren	58
3.5.3.	Stellenangebote auf der unternehmenseigenen Webseite	61
3.5.4.	Sonderformen	67
3.5.4.1.	Bewerberdatenbanken	69
3.5.4.2.	Newsgroups	69
3.5.4.3.	Web-Kataloge	70
3.5.4.4.	Job-Robots	70
3.5.4.5.	Traffic-Partnerships	71
3.5.4.6.	Social Networking	72
3.5.4.7.	Virtuelle Karrieremesse	73

Inhaltsverzeichnis

	3.5.4.8.	Online-Assessments	74
3.6.		Vorteile des E-Recruitings	75
3.7.		Nachteile des E-Recruitings	79
3.8.		Zukunft des E-Recruitings	82

4. Fazit **89**

Literaturverzeichnis **90**
Verzeichnis der Internetquellen **95**
Zum Autor **99**

Abbildungsverzeichnis

Abbildung 1: Wege der internen Personalbeschaffung	8
Abbildung 2: Wege der externen Personalbeschaffung	14
Abbildung 3: Vor- und Nachteile der Personalbeschaffungswege	22
Abbildung 4: Ausstattung der Haushalte 2002 - 2007	28
Abbildung 5: Internetnutzer im EU-Vergleich 2007	29
Abbildung 6: Unternehmen mit Internetzugängen und eigenen Webseiten 2001 - 2007	30
Abbildung 7: Unternehmen mit Webseiten im EU-Vergleich 2007	31
Abbildung 8: Unternehmen mit Webseiten nach Größe 2001 und 2007	32
Abbildung 9: Internetnutzer Zielgruppen 2007	33
Abbildung 10: Zwecke der Internetnutzung 2007	36
Abbildung 11: Der E-Recruiting Prozess	37
Abbildung 12: Instrumente des E-Recruitings	42
Abbildung 13: Kommerzielle Jobbörsen	46
Abbildung 14: Kommerzielle Jobbörse StepStone.at	48
Abbildung 15: Kommerzielle Jobbörse monster.at	49
Abbildung 16: Kommerzielle Jobbörse karriere.at	50
Abbildung 17: Kommerzielle Jobbörse careesma.at	51
Abbildung 18: Kommerzielle Jobbörse jobmonitor.com	52
Abbildung 19: Kommerzielle Jobbörse jobadler.at	53
Abbildung 20: Kommerzielle Jobbörsen im Überblick	54
Abbildung 21: Regionale Jobbörse ooejob.at	55
Abbildung 22: Spezifische Jobbörse ePunkt.net	56
Abbildung 23: Spezifische Jobbörse unijobs.at	57
Abbildung 24: Unilaterale Jobbörse jobboerse.at	58
Abbildung 25: Medientransformator Standard.at	59
Abbildung 26: Medientransformator Jobmedia.at	59
Abbildung 27: Medientransformator ooen.at	60
Abbildung 28: Personalbereich mittels Link auf der Unternehmenshomepage	61
Abbildung 30: Human Resources Webseite	62
Abbildung 31: Sonderformen	68
Abbildung 32: Job-Robot Jobrobot.at	71
Abbildung 33: Virtuelle Karrieremesse jobfair24.at	74

Abbildungsverzeichnis

Abbildung 34: Knappheit an qualifizierten Arbeitskräften in 2011	83
Abbildung 35: Genutzte Instrumente bei der Mitarbeitersuche	84
Abbildung 36: Anteile der über die verschiedenen Kanäle generierten Einstellungen	85
Abbildung 37: Eingang von Bewerbungen	85
Abbildung 38: Elektronische Bewerbungen 2006 und 2011	86
Abbildung 39: Bedeutung des internationalen Recruitings für Österreich	87

1. Einleitung

1.1. Problemstellung

„Die Arbeitswelt im 21. Jahrhundert ist geprägt von Veränderungen in besonders kurzen Intervallen. Es entstehen Partnerschaften zwischen Arbeitgeber und Arbeitnehmer auf Zeit – ‚Lebensabschnittsjobs'. Ein Arbeitsvertrag auf Lebenszeit und die klassische Karriere bei maximal zwei Unternehmen haben in diesem Modell keinen Platz mehr."[1]

Die Personalbeschaffung, einer der wichtigsten Aufgaben im Personalmanagement, unterliegt immer mehr einem harten Wettbewerb um die geeigneten Mitarbeiter. Ein Mangel an Fachkräften und der Wertewandel in der Gesellschaft zwingt Unternehmen zur Weiterentwicklung aller Möglichkeiten der Rekrutierung, die Personalsuche und –auswahl wird zum strategischen Erfolgsfaktor.[2]

Die traditionellen Instrumente reichen dabei allein nicht mehr aus, die Herausforderungen der Personalbeschaffung zu bewältigen. Es müssen zusätzliche Maßnahmen gefunden werden, damit die Mitarbeiter nicht zum Engpassfaktor eines Unternehmens werden.[3]

„Noch vor wenigen Jahren waren Inserate in den regionalen bzw. überregionalen Tageszeitungen und Fachzeitungen der einzige Weg, Mitarbeiter für Aufgaben zu gewinnen, die nicht mit Unterstützung von Personalberatern gesucht und gefunden werden sollten. Inzwischen ist das Internet aus der Personalbeschaffung nicht mehr wegzudenken."[4]

1.2. Zielsetzung und Themengebiet

Die in Kapitel 1.1. ‚Problemstellung' erwähnte Schwierigkeit des Arbeitsmarktes und des Wertewandels zwingen Personalabteilungen zum Reagieren. Der Trend hin zum Internet und der damit verbundene Einzug in die Personalbeschaffung machen auch vor den Unternehmen in Österreich nicht halt. Elektronisches Bewerbermanagement, internetbasierte Bewerbersuche oder

---

[1] Hünnighausen, 2002, S. 11.
[2] Vgl. Hünnighausen, 2002, S. 11.
[3] Vgl. Giesen, 2002, S. 59.
[4] Hünnighausen, 2002, S. 12f.

1. Einleitung

über das Internet abgewickelte Auswahlverfahren stellen bei der Herausforderung der Gewinnung der geeigneten Mitarbeiter eine für Unternehmen vorteilhafte Möglichkeit dar.

Internationales Denken und die Vernetzung der gesamten Welt unterstützt den Gedanken des E-Recruitings. Der hohe Bedarf an qualifiziertem Personal und die daraus resultierende Suche enden nicht bei den geographischen Grenzen eines Landes. Das Internet bietet den Unternehmen ein Medium, sich diesem Wandel anzupassen.

Dieses Buch hat das Ziel, die Instrumente, Prozesse und Vorteile zu analysieren, ohne dabei die Grenzen und Nachteile rund um das Thema „Online Personalbeschaffung" außer Acht zu lassen.

1.3. Aufbau des Buches

Dieses Buch setzt sich aus vier Kapiteln zusammen. Nach einer allgemeinen Einführung in die Problemstellung und Zielsetzung im ersten Kapitel, befasst sich Kapitel 2 als Hinführung zum eigentlichen Thema dieses Werkes mit der Definition, den Arten und Wegen der Personalbeschaffung eines Unternehmens und gibt abschließend eine Zusammenfassung über die Vor- und Nachteile dieser Wege.

Kapitel 3 stellt den Kern dieses Buches dar. Darin wird der Begriff des ‚E-Recruitings' definiert und abgegrenzt. Der ‚Musterprozess' eines vollständigen E-Recruiting-Prozesses wird ebenso erläutert wie die Relevanz dieses Themas in Österreich.

Anschließend erfolgt detailliert die Betrachtung der zahlreichen Instrumente der Online Personalbeschaffung anhand einiger in Österreich relevanter Beispiele. Das Ende von Kapitel 3 zeigt die Vor- und Nachteile und einen Blick in die nahe Zukunft.

Im vierten Kapitel wird zusammenfassend das Fazit erläutert.

Zusätzlich gilt für das gesamte Buch folgendes: erfolgt im Text zugunsten der besseren Lesbarkeit keine explizite Differenzierung zwischen der weiblichen und männlichen Form, so sind dennoch stets beide gemeint.

2. Personalbeschaffung

Die menschliche Arbeit ist im Rahmen der betrieblichen Produktionsfaktoren und der daraus resultierenden betrieblichen Leistungserstellung ein wesentlicher Faktor.[5]

Aus Sicht des Unternehmens ist das Personal mit verschiedenen Charakteristiken versehen[6]:

- Es ist **Arbeitsträger**: Mitarbeiter sind ein Produktionsfaktor, indem sie Arbeiten durchführen, Werte schaffen und Leistungen erbringen.

- Es ist ein **motiviertes Individuum**: Gewisse persönliche Motive und Ziele begleiten jeden Mitarbeiter in seiner Arbeit. Diese können, aber müssen und werden sehr oft nicht, mit den Zielen des Unternehmens übereinstimmen.

- Es ist **Koalitionspartner**: Mitarbeiter sind sehr oft Mitglieder in gewissen Gruppierungen wie Arbeitnehmervertretungen, Berufsgruppen oder in der Ebene der Führungskräfte tätig.

- Es ist **Entscheidungsträger**: Jeder Mitarbeiter trifft an jedem Arbeitsplatz und in Hierarchieebenen gewisse Entscheidungen unterschiedlicher Bedeutung. Diese haben Einfluss auf das Unternehmen.

- Es ist **Kostenverursacher**: Durch einen Entgeltanspruch und ergänzende Leistungen entstehen Kosten für das Unternehmen.

---

[5] Vgl. Nicolai, 2006, S. 1.
[6] Vgl. Olfert/Steinbuch, 1993, S. 23.

2. Personalbeschaffung

2.1. Definition

Prof. Werner Pepels definiert Personalbeschaffung wie folgt:

„Unter Personalbeschaffung wird hier die Planung, Organisation, Umsetzung und Kontrolle all jener Aktivitäten verstanden, die dazu dienen, eine Stelle durch Einstellung neu hinzukommender Arbeitnehmer oder durch Umsetzung vorhandener Arbeitnehmer bestmöglich zu besetzen."[7]

Ergänzend ist dazu zu erwähnen, dass die Personalbeschaffung das Ziel hat, *„die richtige Zahl von Mitarbeitern mit der passenden Qualifikation zum richtigen Zeitpunkt und für den richtigen Zeitraum am richtigen Ort bereitzustellen, (...)".*[8]

2.2. Arten der Personalbeschaffung

Um eine Strukturierung vornehmen zu können, ist es möglich, die Personalbeschaffung nach folgenden Arten zu untergliedern[9]:

Personalbeschaffungssystem
Dabei wird zwischen eigen- und fremdgestaltet unterschieden. Wenn das entsprechende Know-how vorhanden ist, übernimmt es das Unternehmen selbst, die Personalbeschaffung durchzuführen. Sobald das Unternehmen ihr Personal über spezialisierte Beschaffungshelfer sucht, die von der Bedarfsanalyse bis zur Auswahlempfehlung sämtliche Arbeitsschritte übernehmen, spricht man von einem fremdgestalteten Personalbeschaffungssystem. Besonders hoch qualifizierte Mitarbeitern, die zusätzlich keinen Wechselwunsch zu einem anderen Unternehmen verspüren, sich nicht aktiv auf Stellenangebote bewerben wollen oder aufgrund ihrer Position angefragt werden wollen, werden oft mit Hilfe von Experten gesucht.

---

[7] Pepels, 2002, S. 17.
[8] Nicolai, 2006, S. 38.
[9] Vgl. Pepels, 2002, S. 18ff.

2. Personalbeschaffung

Personalbeschaffungszeitrahmen

Personal kann für ein dauerhaftes oder temporäres Beschäftigungsverhältnis gesucht werden. Während es bei einem dauerhaften Beschäftigungsverhältnis keine zeitlichen Begrenzungen gibt, ist beim temporären Gegenstück der Beschäftigungszeitraum befristet. Vor allem ungelernte Arbeitskräfte, bei denen das Angebot am Personalmarkt einen Überschuss aufweist, werden oft in einem temporären Beschäftigungsverhältnis eingestellt.

Personalbeschaffungsform

Neben traditionellen Personalbeschaffungsformen wie Anzeigenwerbung und Aushänge, gibt es alternative Formen über das Medium Internet. Jobbörsen, Online-Bewerbungen, Online-Interviews oder Online-Eignungstests ergänzen u. a. die herkömmlichen Formen der Beschaffung.

Personalbeschaffungsebene

Bei der Personalbeschaffung exekutiver Mitarbeiter, also die vor allem für ausführende Tätigkeiten eingestellt werden, ist ein differenziertes Vorgehen als bei der Suche nach einer dispositiv tätigen Arbeitskraft, wie beispielsweise Geschäftsführer oder Vorstände, notwendig.

Personalbeschaffungskontakt

Die Beschaffung und der Kontakt können aktiv oder passiv vonstatten gehen. Bei einer aktiven Personalbeschaffung setzt das Unternehmen, das neue Mitarbeiter sucht, die Akzente, beauftragt also zum Beispiel einen Beschaffungshelfer oder schaltet Personalanzeigen.

In der Regel passiert die Kontaktaufnahme auf aktivem Weg, da Personal häufig erst dann gesucht wird, wenn ein Bedarf nach einer neuen Arbeitskraft auftritt, *„weil bei Unternehmen das Bewusstsein für die Bedeutung des Engpassfaktors Personal selten genug weit fortgeschritten ist, dass proaktiv gehandelt werden kann."*[10]. Tritt eine Arbeit suchende Person mit einem möglichen Arbeitgeber in Kontakt, ohne dass das Unternehmen vorher aktive Schritte unternommen hat, wird von einem Personalbeschaffungskontakt passiver Natur gesprochen. Es handelt sich um eine so genannte Initiativbewerbung.

---

[10] Pepels, 2002, S. 22.

2. Personalbeschaffung

Personalbeschaffungsort

Sowohl inländische als auch ausländische Arbeitskräfte sind in der heutigen Personalbeschaffung relevant. ‚Inländisch' heißt in diesem Zusammenhang, dass die Personalbeschaffung im Land des Sitzes des Arbeitgebers vorgenommen wird, die sowohl für das Inland als auch für ausländische Unternehmensstandorte durchgeführt werden kann. Im Gegensatz dazu wird unter ‚ausländisch' die Personalbeschaffung in einem anderen Land als dem Sitz des Arbeitgebers verstanden. Je nachdem müssen bei der Personalbeschaffung Fragen wie zum Beispiel die Mobilitätsbereitschaft, Karrierechancen, Zuwanderungsbestimmungen oder kulturelle Aspekte berücksichtigt werden.

Personalbeschaffungsanspruch

Der Personalbeschaffungsanspruch gliedert sich in die Suche nach Berufseinsteigern (Juniors) oder nach Mitarbeitern mit Berufserfahrung (Seniors). Berufseinsteiger werden oftmals schon auf Job-Messen, Firmen-Events oder Bewerbungsseminare noch während der Abschlusssemester kontaktiert und das Unternehmen kann dabei schon eine positive Vorauswahl treffen. Seniors werden durch Inserate oder durch Headhunting[11] gesucht, wobei Inserate aufgrund der hohen Kosten des Headhuntings der Regelfall sind.

Personalbeschaffungssituation

Je nachdem, ob ein Personalbeschaffungsbedarf aufgrund von Unberechenbarkeiten entstanden ist oder nicht, wird zwischen einer planmäßigen und einer kasuistischen Situation unterschieden. Unvorhergesehene Ereignisse wie zum Beispiel unerwartet starkes Unternehmenswachstum, Gesetzesänderungen oder feindliche Übernahmen verhindern oft eine planmäßige Personalbeschaffung, sodass eine stimmige Konzeption und Systematik über Zeitpunkt, Ausmaß und Art der Personalbeschaffung unmöglich werden kann und das Unternehmen zum sofortigen Handeln gezwungen wird.

Personalbeschaffungsbedarf

Wenn bestehende Mitarbeiter das Unternehmen aufgrund von beispielsweise Kündigung, Ruhestand oder Freisetzung verlassen und durch neue ersetzt werden müssen, wird von Ersatzbedarf gesprochen. Im Gegensatz dazu liegt ein Zusatzbedarf vor, sobald neben dem bereits vorhandenen Personal weitere Mitarbeiter eingestellt werden sollen.

---

[11] Siehe Kapitel 2.3.2.2: Personalberater.

2. Personalbeschaffung

Personalbeschaffungsfokus

Beim Personalbeschaffungsfokus kann zwischen gezielt oder gestreut unterschieden werden. Ein gezielter Fokus ist eine Direktansprache beziehungsweise ein direktes Kontaktieren des potentiellen Mitarbeiters von Seiten des Unternehmens, während beim gestreuten Fokus *„eine durch Leistungsmerkmale umschriebene Zielgruppe von Arbeitnehmern undifferenziert am Markt angesprochen wird, von denen sich dann solche mit Interesse oder Bedarf melden."*[12] Von jeglichen Interessenten werden dann passende Bewerber in die engere Auswahl genommen.

Personalbeschaffungsweg

Der Personalbedarf kann auf internem Weg, das heißt zum Beispiel durch Versetzungen, Mehrarbeit, innerbetriebliche Ausschreibungen oder Personalentwicklung innerhalb des Unternehmens, oder durch externe Beschaffungswege außerhalb des Unternehmens gedeckt werden.[13]

Um E-Recruiting näher zu klassifizieren, werden die Personalbeschaffungswege im folgenden Kapitel weiter erläutert.

2.3. Wege der Personalbeschaffung

Wie schon oben erwähnt, wird der Personalbedarf eines Unternehmens auf zwei Arten bewältigt: intern und extern.

2.3.1. Interne Personalbeschaffung

Das Unternehmen selbst ist bei der internen Personalbeschaffung der Teil des Arbeitsmarktes, aus dem die benötigten Mitarbeiter gezogen werden.[14] Jene Mitarbeiter, die mit ihren momentanen Arbeiten überfordert oder durch einen geänderten Arbeitsumfang unterfordert sind beziehungsweise all jene, die sich für herausfordernde und andersartige Aufgaben empfehlen, sind Teil des internen Beschaffungspotenzials. Ob bestehende Arbeitsverhältnisse geändert werden müssen, hängt vor allem von der Dauer der Personalunterdeckung ab. Kurzfristig kann diese ohne eine Änderung der

---

[12] Pepels, 2002, S. 24.
[13] Vgl. Olfert/Steinbuch, 1993, S. 106.
[14] Vgl. Olfert/Steinbuch, 1993, S. 107.

Arbeitsverhältnisse gedeckt werden, während mittel- bis langfristig das bestehende Arbeitsverhältnis besser geändert wird.[15]

Folgende Möglichkeiten der internen Personalbeschaffung stehen einem Unternehmen zur Verfügung

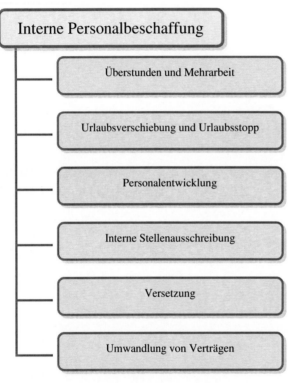

Abbildung 1: Wege der internen Personalbeschaffung[16]

---

[15] Vgl. Nicolai, 2006, S. 43.
[16] Vgl. Nicolai, 2006, S. 43.

2. Personalbeschaffung

Im Folgenden werden diese Wege genauer erläutert:

2.3.1.1. Überstunden und Mehrarbeit

Die Mehrarbeit als vorher festgelegte Verlängerung der üblichen Arbeitszeit und Überstunden als kurzfristige Maßnahme ohne zusätzliche Kosten für Einarbeitungen oder Einschulungen stellen eine häufige Form der internen Personalbeschaffung dar. Gesetzliche Arbeitszeitregelungen, Mitbestimmungsrechte des Betriebsrates und gesundheitliche oder soziale Folgen dürfen dabei nicht außer Acht gelassen werden.[17] Ein weiterer bedeutender Vorteil bei Überstunden und Mehrarbeit ist, neben der kurzfristigen Reaktionsmöglichkeit und der kostenbezogenen Dimension, die Beibehaltung der momentanen Anzahl der Arbeitnehmer ohne die Notwendigkeit, neue Mitarbeiter einzustellen.[18]

2.3.1.2. Urlaubsverschiebung und Urlaubsstopp

Von einer Urlaubsverschiebung wird gesprochen, wenn ein bereits genehmigter Urlaub für einen Mitarbeiter auf einen späteren Zeitpunkt verschoben wird. Im saisonalen Geschäft sind vor allem Urlaubsstopps relevant, welche bedeuten, dass in einem gewissen Zeitraum kein Urlaub genommen werden darf. Auch hier sind wie bei Überstunden und Mehrarbeit die gesetzlichen Bestimmungen und Mitbestimmungsrechte nicht zu vergessen.[19]

2.3.1.3. Personalentwicklung für die derzeitige oder für eine andere Stelle

Bei der Personalentwicklung für die derzeitige Stelle wird die Mitarbeiterqualifikation erhöht beziehungsweise verändert, sodass der Mitarbeiter besser an die Erfordernisse seines Arbeitsplatzes angepasst ist und die Qualität und/oder Quantität seiner geleisteten Arbeit gesteigert wird. Dabei ist generell eine frühzeitige und vorausschauende Anpassung der Qualifikation wichtig, damit ein Personalbedarf aufgrund schlechter Eignung von vornhinein ausgeschlossen wird.[20] Damit ein Mitarbeiter die qualitativen Anforderungen an einer anderen Arbeit erfüllt und er auch für eine

---

[17] Vgl. Nicolai, 2006, S. 43.
[18] Vgl. Olfert/Steinbuch, 1993, S. 112.
[19] Vgl. Nicolai, 2006, S. 44.
[20] Vgl. Nicolai, 2006, S. 44.

2. Personalbeschaffung

solche eingesetzt werden kann, werden Personalentwicklungen nicht nur für die derzeitige, sondern auch für andere Stellen durchgeführt.[21]

Ziele dieser Fortbildung des Mitarbeiters für die derzeitige oder eine andere Stelle ist aus Sicht des Betriebes die schon erwähnte Behebung von Qualifikationsdefiziten, eine Vorbereitung für zukünftige Positionen und Aufgaben und vor allem eine langfristige Deckung des Personalbedarfs. Aus Sicht des Mitarbeiters sichert ihm eine Fortbildung seine Position im Betrieb, verbessert seine beruflichen Möglichkeiten und erweitert seine Persönlichkeit.[22]

Umschulungsmaßnahmen, wenn die derzeitige Qualifikation eines Mitarbeiters nicht mehr von Nöten ist, Nachfolge- und Karriereplanungen sind ebenfalls Teile der Personalentwicklung.[23]

2.3.1.4. Interne Stellenausschreibung

Intern werden Stellen vor allem durch Aushänge am schwarzen Brett, durch Rundschreiben, durch Intranet u. a. für interessierte Mitarbeiter ausgeschrieben.[24] Ähnlich wie bei einer externen Stellenanzeige[25] beinhalten diese zumindest die folgenden Informationen:[26]

- Stellenbezeichnung
- Aspekte organisatorischer Natur wie Abteilung, Einsatzort, etc.
- Beschäftigungsumfang (Voll- oder Teilzeit)
- kurze Information zu den Aufgaben
- Beginn und Zeitraum der Arbeit in der unbesetzten Stelle
- Qualifikationsanforderungen
- Ansprechpartner
- Bewerbungsfristen und einzureichende Unterlagen

Für die Bewerber muss absolute Vertraulichkeit gewahrt werden, um negative Effekte auf seine derzeitige Position und seine derzeitige Arbeit zu verhindern. Eine Ablehnung eines Bewerbers

---

[21] Vgl. Nicolai, 2006, S. 46.
[22] Vgl. Bertelsmann, 2002, S. 159.
[23] Vgl. Nicolai, 2006, S. 46.
[24] Vgl. Albert, 2004, S. 60.
[25] Siehe dazu Kap. 2.3.2.4: Externe Stellenanzeige.
[26] Vgl. Nicolai, 2006, S. 44.

2. Personalbeschaffung

kann aufgrund von Enttäuschung zusätzlich negative Auswirkungen auf seine derzeitige Arbeitssituation haben.[27]

2.3.1.5. Versetzung

Christina Nicolai definiert die Versetzung als

> *„die bedeutsamste Form der internen Personalbeschaffung. Darunter wird die Zuweisung eines anderen Arbeitsbereichs verstanden, die voraussichtlich einen Monat Dauer überschreitet oder mit einer erheblichen Änderung der Umstände verbunden ist, unter denen die Arbeit zu leisten ist (...)."*[28]

Unter einem ‚anderen Arbeitsbereich' wird vor allem eine andere Aufgabe, eine andere Verantwortung, eine andere Art der Tätigkeit oder eine andere Einordnung in den betrieblichen Arbeitsablauf, das heißt die Zuordnung in einer anderen Arbeitsgruppe oder zu einem anderen Vorgesetzten, verstanden.[29]

Als die wichtigsten Gründe für Versetzungen werden betriebliche Umstellungen wie wirtschaftliche oder technische Rationalisierung, die Erweiterung oder Einschränkung des Betriebes oder Ereignisse bei Kollegen wie ein Wechsel des Betriebes, Todesfälle, Krankheiten, Unfälle, berufliche Aufstiege, mangelnde Eignungen oder Streitfälle mit Kollegen oder Vorgesetzten genannt.[30]

Eine Versetzung kann auf zwei Arten passieren:

- die horizontale Versetzung
- die vertikale Versetzung

---

[27] Vgl. Nicolai, 2006, S. 44.
[28] Nicolai, 2006, S. 45.
[29] Vgl. Olfert/Steinbuch, 1993, S. 110.
[30] Vgl. Olfert/Steinbuch, 1993, S. 110.

2. Personalbeschaffung

Während ein Mitarbeiter bei der horizontalen Versetzung eine neue Stelle auf derselben Hierarchieebene einnimmt, ist eine vertikale Versetzung entweder ein Ab- oder Aufstieg, je nach qualitativen Defiziten oder Entwicklungspotentialen.[31]

2.3.1.6. Umwandlung von Teilzeit- in Vollzeit-Arbeitsverhältnisse und von befristeten in unbefristete Arbeitsverhältnisse

Als weitere Wege der internen Personalbeschaffung sind die Änderung von Teilzeitarbeitsverträgen in Vollzeitarbeitsverträgen beziehungsweise die Umwandlung von befristeten in unbefristete Verträge zu nennen. Das Unternehmen ist dabei schon über die Mitarbeiter und deren Qualifikationen informiert, was das Risiko einer Fehlentscheidung verringert.[32]

2.3.2. Externe Personalbeschaffung

Sobald intern der Bedarf nicht zu bewältigen ist oder die damit verbundenen Folgen, wie etwa das Auftreten einer neuen Lücke bei einer Versetzung, nicht zu akzeptieren sind, also interne Maßnahmen als unzweckmäßig erscheinen, wird auf externe Personalbeschaffung zurückgegriffen.[33] Dabei wird jener Teil des Arbeitsmarktes angesprochen, der sich außerhalb des Unternehmens befindet.[34] Bei der externen Personalbeschaffung ist das Beschaffungspotential neben bereits im Arbeitsprozess stehenden Arbeitskräften auch in solchen zu sehen, die sich noch nicht oder nicht mehr in diesem Prozess befinden, wie zum Beispiel Absolventen, Arbeitslose oder Pensionisten.[35]

---

[31] Vgl. Nicolai, 2006, S. 45.
[32] Vgl. Nicolai, 2006, S. 46.
[33] Vgl. Nicolai, 2006, S. 46.
[34] Vgl. Olfert/Steinbuch, 1993, S. 112.
[35] Vgl. Berthel, 1992, S. 151.

2. Personalbeschaffung

Welche Möglichkeiten bei der externen Personalbeschaffung eingeschlagen werden, hängt von folgenden Kriterien ab:

- Situation am Arbeitsmarkt
- Bedeutung der zu besetzenden Stelle
- Qualifikation der zu beschaffenden Arbeitskraft
- Größe und Stellung des Betriebes
- Dauer der Stellenbesetzung
- Erfolgswahrscheinlichkeit (Erfahrungen)[36]
- Höhe des Beschaffungsbudgets
- Größe des Bedarfs
- Dringlichkeit des Personalbedarfs[37]

Die Öffentlichkeitsarbeit kann die Personalbeschaffung zusätzlich durch Imagepflege sowohl intern als auch extern unterstützen. Möglichkeiten dabei sind neben denen, die später bei Scouting[38] erwähnt werden, folgende[39]:

- Positive Medienberichte
- Tag der offenen Tür
- Werksbesichtigungen
- Werksverkauf
- Messen und Ausstellungen
- Werbung in verschiedenen Medien
- Internet-Auftritte

---

[36] Vgl. Albert, 2004, S. 62.
[37] Vgl. Nicolai, 2006, S. 46.
[38] Siehe Kapitel 2.3.2.9: Scouting.
[39] Vgl. Nicolai, 2006, S. 57.

2. Personalbeschaffung

Folgende Möglichkeiten der externen Personalbeschaffung stehen einem Unternehmen zur Verfügung:

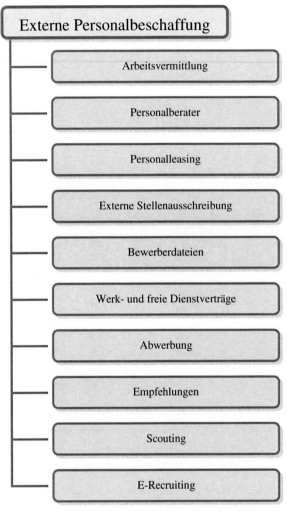

Abbildung 2: Wege der externen Personalbeschaffung[40]

---

[40] Vgl. Nicolai, 2006, S. 47.

2. Personalbeschaffung

Im Folgenden werden diese Wege genauer erläutert:

2.3.2.1. Arbeitsvermittlung

Dabei nimmt das Unternehmen Kontakt zu einer Institution auf, die ihnen mit dem Zugang zu externem Beschaffungspotential helfen können.[41] In Österreich ist in diesem Bereich das AMS (Arbeitsmarktservice) das führende Dienstleistungsunternehmen. Das Arbeitsmarktservice ist ein Unternehmen öffentlichen Rechts, vermittelt Arbeitskräfte bei offenen Stellen und gibt Personen Unterstützung bei der Suche nach Arbeit.[42] Es ist in eine Bundesorganisation, in neun Landesorganisationen und in 99 Regionalorganisationen unterteilt.[43] Über 35.000 Jobangebote und 270.000 Bewerbungen sind im Moment durch das AMS ausgeschrieben.[44] Enger Kontakt zum Arbeitsamt ist wichtig, damit ein Unternehmen möglichst genau bekannt ist und Beratungen und Vermittlungen wirkungsvoll durchgeführt werden können.[45] Neben dem AMS sind auch private Arbeitsvermittler tätig, die sich sehr oft durch bestimmte Qualifikationen oder Spezialisierungen auf bestimmte Berufsgruppen auszeichnen.[46]

2.3.2.2. Personalberater

Die Mitarbeiterbeschaffung über Personalberater ist vor allem bei der Suche nach Führungskräften und qualifizierten Mitarbeitern von Bedeutung. Sowohl die Suche nach passenden Bewerbern als auch sämtliche Schritte von der Vorbereitung über die Abwicklung der Einstellungsentscheidung können Teil der Dienstleistung eines Personalberaters sein. Auch wenn das Unternehmen nicht nach außen treten will, ist der Einsatz eines Personalberaters zu empfehlen. Zwei spezielle Formen der Personalberatung sind <u>Headhunting</u> und <u>Outplacement-Beratung</u>. Bei Headhunting erfolgt eine persönliche Ansprache des geeigneten Kandidaten. Outplacement-Beratung ist die Hilfe bei Personalabbau von Managern und deren Unterstützung bei der Suche nach neuen Einsatzmöglichkeiten. Die Einschaltung eines Personalberaters stellt eine kostenintensive Möglichkeit der externen Personalbeschaffung dar.[47]

---

[41] Vgl. Berthel, 1992, S. 151.
[42] Vgl. Arbeitsmarktservice, URL: http://www.ams.at/ueber_ams/14155.html [11.01.2010].
[43] Vgl. Arbeitsmarktservice, URL: http://www.ams.at/ueber_ams/14159.html [11.01.2010].
[44] Vgl. Arbeitsmarktservice, URL: http://www.ams.at/index.html [11.01.2010].
[45] Vgl. Olfert/Steinbuch, 1993, S. 114.
[46] Vgl. Nicolai, 2006, S. 48.
[47] Vgl. Albert, 2004, S. 69.

2. Personalbeschaffung

2.3.2.3. Personalleasing

Personalleasing zeichnet sich dadurch aus, dass ein Unternehmen selbst keine neuen Mitarbeiter einstellt, sondern von einem Leasingunternehmen eine dort beschäftigte Person gegen Entgelt befristet entleiht.[48] Das Personalleasingunternehmen trägt dabei alle Arbeitgeberpflichten und -risiken wie Urlaubsansprüche und zahlt dem Arbeitnehmer das Entgelt, auch im Krankheitsfall. Zwischen dem entleihenden Unternehmen und dem Personalleasingunternehmen kommt ein Arbeitnehmerüberlassungsvertrag zustande.[49]

Die Vorteile von Personalleasing lassen sich wie folgt zusammenfassen[50]:

- die Personalbeschaffungskosten und Personalbeschaffungsverwaltungskosten sind gering
- das Risiko von Fehleinschätzungen ist geringer
- im Krankheitsfall gibt es keine Lohnfortzahlung vom entleihenden Unternehmen
- bei Leistungsspitzen kann Personalbedarf kurzfristig und schnell gedeckt werden
- eine rasche Trennung ist jederzeit möglich

Nachteile wiederum sind, dass diese Mitarbeiter das Unternehmen nicht kennen und nicht eingearbeitet sind, dass höhere Kosten als bei eigenen Mitarbeitern anfallen und dass Stammmitarbeiter eventuell Konkurrenz von Seiten der Leasingmitarbeiter zu befürchten haben. Als eine Folge dessen können Unruhen im Unternehmen entstehen und sich die Integration der Leasingmitarbeiter sehr schwierig gestalten. Zusätzlich bedeutet eine Übernahme einer Arbeit durch Leasing auch eine deutlich geringere Motivation von Seiten des Mitarbeiters, da dieser das Unternehmen in kurzer Zeit wieder verlassen wird.[51]

2.3.2.4. Externe Stellenanzeige

Externe Stellenanzeigen liegen dann vor, wenn ein Unternehmen Ausschreibungen, so genannte Inserate, in Tages- und Wochenzeitungen, Zeitschriften und Fachzeitschriften schalten lässt. Durch

---

[48] Vgl. Albert, 2004, S. 67.
[49] Vgl. Nicolai, 2006, S. 50.
[50] Vgl. Albert, 2004, S. 69.
[51] Vgl. Albert, 2004, S. 69.

2. Personalbeschaffung

Stellenanzeigen kann das Unternehmen eine breite Zielgruppe ansprechen und auch Geschäftspartnern, Kunden, Kreditgebern etc. ein positives Bild über sich vermitteln.[52]

Wichtig bei der Schaltung einer Stellenanzeige sind vor allem folgende vier Punkte[53]:

- Anzeigenträger
- Anzeigenart
- Anzeigentermin
- Anzeigengestaltung

Wichtig beim Anzeigenträger ist die Zielgruppe, die die Wahl des richtigen Mediums bestimmt. Dazu gibt es neben regionalen Tageszeitungen, überregionalen Tages- und Wochenzeitungen und Fachzeitschriften auch beispielsweise Hochschulmagazine. Das Ziel ist die richtige Wahl des Anzeigenträgers um eine Verringerung des Streuverlustes, welcher umso geringer ist, umso mehr Leser den Anforderungen für die offene Position entsprechen, sicherzustellen.[54]

Bei der Anzeigenart wird zwischen folgenden Möglichkeiten unterschieden:

- Offene Anzeigen
- Personalberatungsanzeigen
- Chiffre-Anzeigen

In offenen Anzeigen werden der Name und die Anschrift des Unternehmens angegeben. Bei Personalberateranzeigen, tritt ein Personalberater anstelle des Unternehmens als Kontaktperson auf, um Konflikte mit dem momentanen Stelleninhaber der ausgeschriebenen Position oder um die Transparenz für die Konkurrenz in die Personalsuche zu minimieren. In Chiffre-Anzeigen bleibt das Unternehmen anonym und wird nicht genannt.[55]

---

[52] Vgl. Nicolai, 2006, S. 51.
[53] Vgl. Nicolai, 2006, S. 51.
[54] Vgl. Nicolai, 2006, S. 51.
[55] Vgl. Nicolai, 2006, S. 52.

2. Personalbeschaffung

Der Anzeigentermin ist vor allem relevant, da Arbeit suchende Personen beispielsweise vor allem die Samstagsausgaben kaufen und in Ferien- oder Urlaubszeiten weniger Leute erreicht werden als normal üblich.[56]

Die Anzeigengestaltung ist wichtig, um die richtigen Personen anzusprechen. Die Stellenanzeige kann sich nach folgendem Grundschema orientieren[57]:

Wir sind:
In diesem Abschnitt stellt sich das Unternehmen vor. Fakten wie Standort, Branche, Größe, Marktstellung und Produktionsprogramme oder Dienstleistungsangebote finden hier Einzug.

Wir suchen:
Hier werden Aussagen über die freie Stelle getroffen wie die Funktion, die Aufgaben oder den Eintrittstermin.

Wir erwarten:
Das Anforderungsprofil wird genannt. Dieses beinhaltet, Ausbildungserfordernisse, Spezial- und Zusatzkenntnisse, Berufserfahrungen und der Wunsch nach sozialen, persönlichen oder organisatorischen Fähigkeiten.

Wir bieten:
In dieser Sektion ist wichtig, was das Unternehmen auszeichnet. Gehalt, Weiterentwicklungsmöglichkeiten, etc. sind Themen, die hier angesprochen werden.

Sie erreichen uns:
Für den Bewerber ist es relevant zu wissen, wie er das Unternehmen erreichen kann, wer die Ansprechperson in diesem ist und welche Unterlagen er für eine Bewerbung bereitstellen muss.

2.3.2.5. Bewerberdateien

Eine sehr passive Methode der externen Personalbeschaffung ist die Auswertung von Bewerberdateien. Dabei werden die beispielsweise durch Initiativbewerbungen vorher nicht berücksichtigten Stellenanfragen von potentiellen Arbeitskräften herangezogen und diese Personen

---

[56] Vgl. Nicolai, 2006, S. 52f.
[57] Vgl. Detmers, 2002, S. 70f.

2. Personalbeschaffung

im Bedarfsfall kontaktiert. Bewerberdateien sind eine sehr zeit- und kostensparende Vorgehensweise.[58]

2.3.2.6. Externe Werkverträge und freie Dienstverträge

Fremdarbeitnehmer können durch einen Werk- oder freien Dienstvertrag zu einer Arbeitsleistung gewonnen werden. Während bei Werkverträgen „(...) *ein anderes Unternehmen erfolgsbezogene Arbeitsleistungen mit seinen eigenen Mitarbeitern"*[59] erbringt, ist ein Dienstnehmer im Rahmen eines freien Dienstvertrages „(...)*jeder, der gegenüber einem Auftraggeber Dauerleistungen erbringt (Dauerschuldverhältnis) [auf bestimmte oder unbestimmte Zeit*[60], *d.Verf.] aber in keinem Dienstverhältnis steht."*[61]

2.3.2.7. Abwerbung

Gerade wenn es um die Personalbeschaffung von Führungskräften geht, werden diese gezielt von Unternehmen angesprochen und für einen Unternehmenswechsel abgeworben. Dabei besteht aufgrund der Kenntnis des neuen Mitarbeiters eine hohe Chance, dass das Anforderungsprofil mit dem Qualifikationsprofil des gewünschten Mitarbeiters übereinstimmt. Sofern das Unternehmen nicht die benötigten Kontakte besitzt, kann ein Personalberater, wie oben erwähnt, mit Headhunting beauftragt werden.

2.3.2.8. Empfehlung von Betriebsangehörigen

Bei dieser Mund-zu-Mund Propaganda wird einem Unternehmen ein neuer Mitarbeiter von eigenen Mitarbeitern empfohlen. Besonders bei exekutiven Tätigkeiten spielt dies eine größere Rolle. Solche Empfehlungen sind manchmal mit Prämien für den Empfehlenden verbunden, wenn der neue Mitarbeiter die Probezeit übersteht. Hintergrund dieser Methode ist, dass das Unternehmen

---

[58] Vgl. Nicolai, 2006, S. 49.
[59] Nicolai, 2006, S. 49.
[60] Vgl. Bundesministerium für Finanzen, 1.1.2008, URL:
http://www.bmf.gv.at/Steuern/Brgerinformation/ArbeitnehmerPensionisten/Dienstvertragfreier_5181/Dienstvertrag-Freier-Dienstvertrag-Werkvertrag-2008.pdf, S. 4. [25.03.2008].
[61] Bundesministerium für Finanzen, 1.1.2008, URL:
http://www.bmf.gv.at/Steuern/Brgerinformation/ArbeitnehmerPensionisten/Dienstvertragfreier_5181/Dienstvertrag-Freier-Dienstvertrag-Werkvertrag-2008.pdf, S. 4. [25.03.2008].

2. Personalbeschaffung

annimmt, dass keine unpassenden Personen empfohlen werden, da ansonsten auf den Mitarbeiter, der die Empfehlung ausgesprochen hat, selbst ein schlechtes Licht fällt.[62]

2.3.2.9. Scouting

Solche Maßnahmen, die von der Personalbeschaffung jener potentiellen Mitarbeiter handeln, die noch nicht aktiv im Arbeitsprozess stehen, werden als Scouting verstanden.[63] Es ist mehr als nur eine Beschaffungsmethode, Rieck spricht in diesem Zusammenhang von folgender Definition:

> *„Alle Verfahren der aktiven Rekrutierung von Berufseinsteigern und insbesondere von High-Potentials, die durch eine proaktive, frühzeitige Ansprache und Bindung mittels aktivierender personaler und elektronischer Instrumente gekennzeichnet sind."*[64]

Unter ‚High-Potentials' werden wiederum Absolventen verstanden, die bereits während des Studiums durch ihre Aktivitäten eine Eignung für eine spätere Karriere bewiesen haben.[65]

Für Scouting ist es wichtig, langfristig und nachhaltig klare Ziele und Strategien zu entwickeln und konkrete Maßnahmen ziel- und strategiebezogen zu wählen und zu verwirklichen.[66]

Als die zwei Instrumente des Scoutings sind College-Recruiting und E-Recruiting in Erscheinung getreten.

---

[62] Vgl. Nicolai, 2006, S. 57.
[63] Vgl. Rieck, 2002, S. 120.
[64] Rieck, 2002, S. 120.
[65] Vgl. Simon u.a., 1995, S. 89.
[66] Vgl. Rieck, 2002, S. 120.

2. Personalbeschaffung

College-Recruiting

Um potentielle Bewerber frühzeitig auf ein Unternehmen aufmerksam zu machen, wird intensive Werbung an Schulen insbesondere an Hochschulen betrieben. Dafür gibt es zahlreiche Möglichkeiten[67]:

- Praktikumsplätze
- Hausarbeiten werden unterstützt
- Diplomarbeitsthemen werden vergeben
- Unterstützung bei Dissertationsvorhaben
- Fachvorträge an den Bildungseinrichtungen und Absolventen-Workshops
- Übernahme von Lehrveranstaltungen
- Stipendien und Förderpreise werden vergeben
- Vergabe und Förderung von Forschungsprojekten
- Teilnahme an Hochschulmessen und Absolventenmessen
- Hochschultage im Betrieb
- Anzeigen in Hochschulzeitschriften
- Betriebsbesichtigungen
- Studenteninitiativen werden gefördert
- Mitarbeit in Hochschulgremien
- Firmenguides für Bewerber

Da E-Recruiting sowohl beim Scouting von High-Potentials und auch generell bei den externen Personalbeschaffungswegen eine Rolle spielt, wird es im Folgenden als zusätzlicher Punkt erwähnt.

2.3.2.10. E-Recruiting

Wenn Personal u. a. über Online-Jobbörsen beziehungsweise über die eigene Unternehmenswebseite beschafft wird, wird von E-Recruiting gesprochen.[68] Die Facetten von E-Recruiting werden als Hauptthema dieser Arbeit im folgenden Kapitel 3: E-Recruiting erläutert.

---

[67] Vgl. Nicolai, 2006, S. 56f.
[68] Vgl. Nicolai, 2006, S. 55.

2.3.3. Vor- und Nachteile der Personalbeschaffungswege

Zusammenfassend resultieren aus den verschiedenen Wegen der internen und externen Personalbeschaffung also folgende Vor- und Nachteile, die auf Abbildung 3 zusammengefasst sind:

	Interne Personalbeschaffung	Externe Personalbeschaffung
(ökonomische) Vorteile	• geringe Informationskosten • geringe Verhandlungskosten • geringe Einarbeitungskosten • schnelle Bedarfsdeckung • geringeres Risiko • Einhaltung des internen Entgeltniveaus • Betriebskenntnis	• größere Auswahlmöglichkeiten • geringere Personalentwicklungskosten, da Bewerber die notwendige Qualifikation bereits mitbringen • direkte Deckung des Bedarfs • keine „Betriebsblindheit"
Motivations- und Qualifikationswirkung	Motivationswirkung: • geringe Frustrationsgefahr wegen bekannter Anforderungen • freie Stellen für Nachwuchskräfte • transparente Personalpolitik • Anreiz zur Profilierung, um Aufstiegschancen zu erhalten Qualifikationswirkung: • Qualifikation unmittelbar betriebsspezifisch nutzbar • Erhaltung und Steigerung interner Qualifikation • Mitarbeiterpotenziale bekannt • Unabhängigkeit von der Qualifikation Externer	Motivationswirkung: • Höhere Leistungsbereitschaft, da die Arbeitsplatzsicherheit geringer eingeschätzt wird • Verhinderung von Beförderungsautomatismus und Cliquenbildung • Aufbrechen bestehender Denk- und Wertmuster • schnellere Anerkennung eines von außen kommenden Vorgesetzten Qualifikationswirkung: • Know-how-Zufluss • Informationen über Konkurrenzverhalten und mögliche Kooperationspartner
Nachteile	• geringere Auswahlmöglichkeiten • Rückgang der Leistungsbereitschaft wegen fehlender externer Konkurrenz • Gefahr der Qualifikationsveralterung wegen geringem Anreiz zur Weiterbildung • Betriebsblindheit • Kostenintensive Weiterbildung • Spannungen und Rivalitäten wegen eines aufgestiegenen Kollegen • Sachentscheidungen werden „verkumpelt", da der neue Vorgesetzte früher ein Kollege war • Beförderungsautomatismus • indirekte Bedarfsdeckung, da neue Vakanzen entstehen	• Demotivierung der Mitarbeiter wegen mangelnder Aufstiegschancen • höhere Beschaffungskosten • längere Einarbeitungszeit • höhere Gehaltsvorstellungen bei externem Stellenwechsel • mangelnde Betriebskenntnis • höhere Fluktuation und damit Qualifikationsverluste wegen geringerer Aufstiegschancen

Abbildung 3: Vor- und Nachteile der Personalbeschaffungswege[69]

---

[69] Abbildung entnommen aus: Nicolai, 2006, S. 60.

3. E-Recruiting

„Die hohe Kunst der Jobsuche liegt vor allem darin, sozusagen auf mehreren Hochzeiten zu tanzen und eine Strategie zu entwickeln."[70]

Das Internet ist für mehr und mehr Menschen zu einer Selbstverständlichkeit geworden. Vor allem junge Menschen surfen regelmäßig im Internet, weshalb es nicht überrascht, dass auch der virtuelle Beschaffungsmarkt einen immer höheren Stellenwert einnimmt.[71]

Nachdem sich E-Business, also elektronische Einkaufsplattformen, die Einbindung von Partner und Zulieferern in ein elektronisches Informationsmanagement und nicht zuletzt die Beziehung zu Investoren und Kunden im Rahmen von ‚Customer Relationship Management'[72] längst in vertrieblichen und logistischen Prozessen durchgesetzt hat, findet E-Business nun auch im Personalmanagement Einzug.[73]

„Die Nutzenkostenfaktoren des E-Business, wie Senkung der Transaktionskosten, Kostenvorteile durch Einkaufbündelung und das Management von Kundenbeziehungen, sind für das HR-Management [Human Resources Management, d.Verf.] heute Benchmark."[74]

Der harte Wettbewerb um qualifiziertes Personal und die damit verbundene Unmöglichkeit, sich unwirtschaftliche Arbeitsabläufe leisten zu können, erlauben es einem Unternehmen nicht, die Technologietrends wie das eHRM (electronic Human Resources Management) zu ignorieren.[75] Zusätzlich bedeuten die immer schnelleren Entwicklungen im Bereich der Informationstechnologie für Unternehmen den Zwang, sich an die Herausforderungen der Digitalisierung anzupassen. Dies gilt auch für die Personalarbeit.[76]

---

[70] Hofert, 2005, S. 15.
[71] Vgl. Giesen/Jüde, 1999, S. 64.
[72] Vgl. Felder/Ritter, 2001, S. 368.
[73] Vgl. Jäger, 2001, S. 136.
[74] Jäger, 2001, S. 136.
[75] Vgl. Beger/Schwalbe, 2003, S. 10.
[76] Vgl. Eckstein/Klugmann/Schmeisser, 2002, S. 84.

3. E-Recruiting

3.1. Definition

Aufgrund der hohen Kosten für eine Stellenanzeige verbunden mit der kurzen Veröffentlichungszeit verwenden Unternehmen vermehrt das Internet als Medium zur Personalbeschaffung. E-Recruiting, also ‚electronic recruiting', ist die Suche und die Beschaffung von Mitarbeitern sowohl über das Internet und über Online-Jobbörsen (internetbasierter Online-Stellenmarkt) als auch über die eigene Unternehmenswebseite.[77] Zusammenfassend kann der Begriff E-Recruiting, der in der Literatur auch als Online-Recruiting, E-Recruitment oder E-Cruiting bezeichnet wird[78], wie folgt definiert werden:

„Unter den Begriff E-Recruiting fallen alle onlinegestützten Prozesse, die zur Personalgewinnung oder deren Vorbereitung eingesetzt werden."[79]

Als die bekanntesten Beispiele sind dabei Schaltungen von freien Stellen per Internet beim Arbeitsmarktservice, die Veröffentlichung einer Stellenanzeige auf einer Online-Jobbörse, aber auch ein Stellenposting auf der unternehmenseigenen Webseite zu nennen.[80] Auf die Instrumente und einzelnen Formen und Ausprägungen der Internet-Personalbeschaffung wird später näher eingegangen.

---
[77] Vgl. Nicolai, 2006, S. 55.
[78] Vgl. Lohberg, 2006, S. 85.
[79] Lohberg, 2006, S. 85.
[80] Vgl. Lohberg, 2006, S. 85.

3.2. Abgrenzung des E-Recruitings

Trotz aller Möglichkeiten, die in den folgenden Kapiteln zu E-Recruiting vorgestellt werden, wie diese Möglichkeiten den Personalbeschaffungsprozess erleichtern und vereinfachen und welche Instrumente es gibt, den besten Kandidaten für eine freie Stelle zu finden, darf eines nie vergessen werden:

Einer der wichtigsten Schritte im gesamten Prozess der Personalgewinnung ist das persönliche Interview. Dadurch lernt das Unternehmen die Bewerber näher kennen und für die Bewerber an sich ist es möglich, Einblick in das Unternehmen, dessen Arbeitsmethoden und in die Unternehmenskultur zu erhalten.[81]

Auch wenn es erste Ansätze wie die Durchführung von Bewerbungsinterviews mittels Internet durch Webcam bereits gibt und sich dieses Mittel vor allem bei weiten Entfernungen zwischen dem Unternehmen und dem potentiellen Mitarbeiter aufgrund der Kostenfrage der Anreise durchaus bewährt, bleibt abzuwarten, inwieweit das persönliche Gespräch von Angesicht zu Angesicht in Zukunft abgelöst wird und abgelöst werden kann.[82]

Meistens endet spätestens an diesem Punkt in Unternehmen der E-Recruiting Prozess aufgrund des unschätzbaren Wertes, einen Bewerber über die Grenzen von Formularen und digitalen Medien hinweg persönlich kennen zu lernen [nach Ansicht des Verfassers, d.Verf.].

---

[81] Vgl. Dick, 2002a, S. 97.
[82] Vgl. Dick, 2002a, S. 97.

3.3. Relevanz des E-Recruitings

„Es ist heute fast selbstverständlich, ja in einigen Funktionsbereichen nahezu unumgänglich, auch über das Internet zu suchen."[83]

‚E-Branding' (das Kreieren einer Arbeitgebermarke über das Internet) und ‚E-Recruiting' sind im Rahmen des Personalmarketings nicht mehr wegzudenken.[84] Die Relevanz des Internets in Bereichen der Personalbeschaffung zeigen folgende Fragestellungen:[85]

- Wie werden Personen auf das Unternehmen aufmerksam?
- Wie gelingt der Zugang zu den Personalbeschaffungsmärkten?
- Wie kann der Bewerbungsprozess mit Hilfe des Internets schneller und kostengünstiger gestaltet werden?

Michael Paschen nennt vor allem vier Faktoren, warum das Internet aus der Personalbeschaffung nicht mehr wegzudenken ist:[86]

- Die permanente Unternehmenspräsenz
- Die Sichtbarkeit des Angebotes offener Stellen
- Unterstützung der gezielten Suche im Netz nach offenen Stellen
- Geringere Kosten im Vergleich zu herkömmlichen Anzeigen in Printmedien

<u>Die permanente Unternehmenspräsenz</u>
Internetauftritte von Unternehmen im Internet machen es einem Bewerber einfach, Unternehmensdaten zu jeder Zeit abzurufen und sich auf diesem Weg zu informieren. Selbst wenn er das Internet nicht als Bewerbungsmedium nutzt, findet er durch dieses trotzdem die benötigten Kontakte. Der Unternehmensauftritt im Internet soll einen Interessenten zu einer klassischen Bewerbung bewegen oder ihm eine Möglichkeit zu einer direkten Onlinebewerbung bieten.

---

[83] Paschen, 2002, S. 106.
[84] Vgl. Steffens-Duch, 2001, S. 615.
[85] Vgl. Steffens-Duch, 2001, S. 615.
[86] Vgl. Paschen, 2002, S. 106f.

3. E-Recruiting

Die Sichtbarkeit des Angebotes offener Stellen

Die Zeiten, an denen Stellenangebote nur in klassischen Printmedien sichtbar waren, sind vorbei. Durch Stellenangebote auf der eigenen Unternehmenswebseite oder auf diversen Jobbörsen ist ein potentieller Bewerber immer über die offenen Stellen eines Unternehmens im Bilde. Wichtig dabei ist, diese Online-Stellenausschreibungen immer aktuell zu halten, um kein schlechtes Licht auf das Unternehmen fallen zu lassen und diese Ressource nicht zu vergeuden.

Unterstützung der gezielten Suche im Netz nach offenen Stellen

Gute und attraktiv formulierte Beschreibungen von offenen Stellen erreichen auch Bewerber, die aktiv mittels Suchmaschinen nach bestimmten Stellenausschreibungen suchen, ohne dass der Unternehmensname oder Standort zu allererst relevant ist. Damit können mit vertretbaren Kosten auch überregionale Bewerber angesprochen werden. Ein qualitativ hochwertiger Text und eine attraktive und differenzierende Beschreibung der Tätigkeit sind hier von höchster Relevanz.

Geringere Kosten im Vergleich zu herkömmlichen Anzeigen in Printmedien

Günstigere Preise sind bei Onlinestellenausschreibungen im Vergleich zu klassischen Printmedien Standard. Zusätzlich ergibt sich durch die längere Dauer und Verfügbarkeit ein vorteilhafteres Kosten-Nutzen-Verhältnis.

Um die Relevanz am österreichischen Markt näher zu verdeutlichen, werden im Folgenden Statistiken über das Internet, deren Entwicklung und über die Zielgruppen genannt.

3. E-Recruiting

3.3.1. Internet in Österreich

Wie Abbildung 4 in einem Vergleich von Mobiltelefon, Computer und Internetzugang zeigt, ist in Österreich das Internet auf dem Vormarsch.

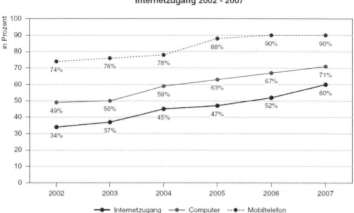

Abbildung 4: Ausstattung der Haushalte 2002 - 2007[87]

Bereits 71 Prozent der Haushalte in Österreich besaßen zum Befragungszeitpunkt Februar bis März 2007 einen Computer. Vor fünf Jahren konnte noch nicht einmal die Hälfte aller Österreicher einen PC ihr Eigen nennen. Bei der Anzahl der Haushalte, die einen Internetzugang besitzen, sieht die Entwicklung noch viel beeindruckender aus. Während im Februar bis März 2007 60 Prozent der Haushalte einen Internetzugang vorweisen können, war diese Zahl vor fünf Jahren noch deutlich geringer. Nur 34 Prozent und damit fast nur die Hälfte im Vergleich zum jetzigen Zeitpunkt hatten ihren Computer im Jahr 2002 mit dem Internet verbunden.[88]

Diese Daten wurden bereits zum sechsten Mal in Österreich von der Statistik Austria auf Verlangen des Europäischen Statistischen Amtes (EUROSTAT) erhoben, zu deren Erhebung auch alle anderen

---

[87] Abbildung entnommen aus: Statistik Austria, 18.06.2007, URL: http://www.statistik.at/web_de/statistiken/informationsgesellschaft/ikt-einsatz_in_haushalten/020541.html [20.03.2008].
[88] Vgl. Statistik Austria, 2007, URL: http://www.statistik.at/web_de/statistiken/informationsgesellschaft/ikt-einsatz_in_haushalten/index.html [20.03.2008].

3. E-Recruiting

EU-Mitgliedstaaten per Verordnung verpflichtet sind. Aus diesem Grund lässt sich die Internetnutzung auch im EU-Vergleich ablichten, welche in Abbildung 5 zu sehen ist.[89]

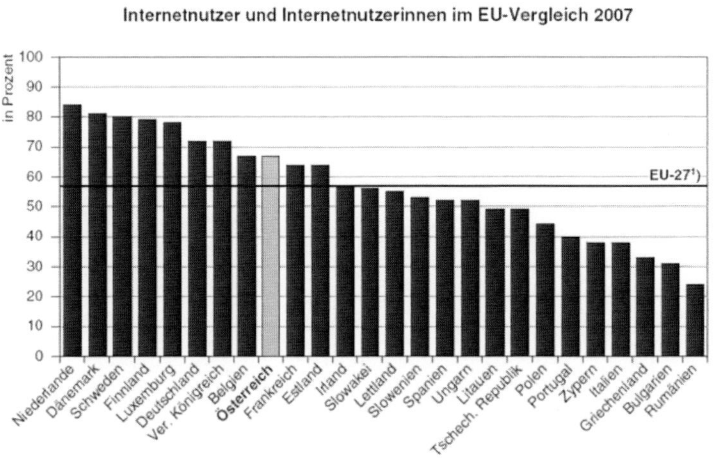

Abbildung 5: Internetnutzer im EU-Vergleich 2007[90]

In dieser Tabelle sind die Internetnutzer, und nicht die Haushalte, im EU-Vergleich 2007 zu sehen. Österreich liegt dabei an neunter Stelle und mit 67 Prozent bei den befragten Personen im Alter zwischen 16 und 74 Jahren, die angaben, das Internet zu benutzen, deutlich über den EU-Durchschnitt[91] von 57 Prozent. 73 Prozent der befragten Österreicher besaßen im Befragungszeitraum von Februar bis März 2007 einen Computer.[92]

Auch für viele Unternehmen in Österreich sind E-Mail-Bewerbungen nichts Ungewöhnliches mehr.[93] Abbildung 6 zeigt die Statistik seit 2001 von österreichischen Unternehmen hinsichtlich Internetzugänge, Breitbandverbindungen und eigenen Webseiten.

---

[89] Vgl. Statistik Austria, 2007, URL: http://www.statistik.at/web_de/statistiken/informationsgesellschaft/ikt-einsatz_in_haushalten/index.html [20.03.2008].
[90] Abbildung entnommen aus: Statistik Austria, 17.01.2008, URL: http://www.statistik.at/web_de/statistiken/informationsgesellschaft/ikt-einsatz_in_haushalten/020542.html [20.03.2008].
[91] Angaben für Malta waren nicht verfügbar.
[92] Vgl. Statistik Austria, 2008, URL: http://www.statistik.at/web_de/statistiken/informationsgesellschaft/ikt-einsatz_in_haushalten/index.html [20.03.2008].
[93] Vgl. Hönigsberger-Rupp/Rupp, 2001, S. 10.

3. E-Recruiting

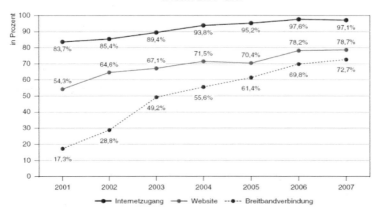

Abbildung 6: Unternehmen mit Internetzugängen und eigenen Webseiten 2001 - 2007[94]

Nur noch weniger als 3 Prozent der Unternehmen mit mehr als 9 Beschäftigten kamen im Januar 2007 noch ohne Internet aus. Bereits knapp 79 Prozent der österreichischen Unternehmen (mit mehr als 9 Beschäftigten) hatten zu diesem Zeitpunkt bereits eine eigene Webseite, um sich im Internet zu präsentieren. Die Wichtigkeit und der Aufschwung des Internets werden auch durch die Wahl der Verbindung verdeutlicht. Während 2001 nur 17 Prozent der Unternehmen eine schnelle Breitbandverbindung benutzten, waren es 2007 bereits fast drei von vier Unternehmen.[95]

---

[94] Abbildung entnommen aus: Statistik Austria, 05.10.2007, URL: http://www.statistik.at/web_de/statistiken/informationsgesellschaft/ikt-einsatz_in_unternehmen_e-commerce/020543.html [20.03.2008].
[95] Vgl. Statistik Austria, 2007, URL: http://www.statistik.at/web_de/statistiken/informationsgesellschaft/ikt-einsatz_in_unternehmen_e-commerce/index.html [20.03.2008].

3. E-Recruiting

Im EU-Vergleich[96] liegt Österreich mit seinen Unternehmen, die über eine eigene Webseite verfügen, deutlich über dem Durchschnitt und reiht sich hinter Schweden und Finnland auf Platz 3 in die Statistik ein.

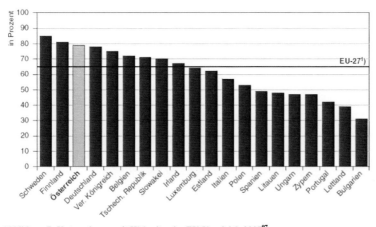

Abbildung 7: Unternehmen mit Webseiten im EU-Vergleich 2007[97]

---

[96] Angaben für Dänemark, Frankreich, Griechenland, Malta, Niederlande, Rumänien und Slowenien nicht verfügbar.
[97] Abbildung entnommen aus: Statistik Austria, 17.01.2008, URL:
http://www.statistik.at/web_de/statistiken/informationsgesellschaft/ikt-einsatz_in_unternehmen_e-commerce/020544.html [20.03.2008].

3. E-Recruiting

Interessant dabei ist, dass es immer noch von der Größe des Unternehmens abhängt, ob dieses im Internet mit einer eigenen Webseite präsent ist oder nicht. Bei Unternehmen mit 250 und mehr Beschäftigten erlauben es sich nur noch 3 Prozent der Unternehmen, auf eine eigene Homepage zu verzichten, wie Abbildung 8 zeigt. Trotzdem wird deutlich, dass besonders auch kleine Unternehmen seit 2001 diesem Trend gefolgt sind. Während zum damaligen Zeitpunkt weniger als die Hälfte der Unternehmen mit 10 bis 49 Beschäftigten eine eigene Seite vorweisen konnten, waren dies zum Befragungszeitpunkt immerhin schon mehr als drei Viertel.[98]

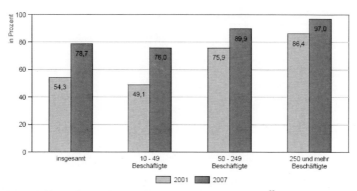

Abbildung 8: Unternehmen mit Webseiten nach Größe 2001 und 2007[99]

---

[98] Vgl. Statistik Austria, 2007, URL:
http://www.statistik.at/web_de/Redirect/index.htm?dDocName=029050, S. 32 [11.01.2010].
[99] Abbildung entnommen aus: Statistik Austria, 2007, URL:
http://www.statistik.at/web_de/Redirect/index.htm?dDocName=029050, S. 32 [11.01.2010].

3. E-Recruiting

3.3.2. Zielgruppen

Um die Relevanz des E-Recruitings für gewisse Zielgruppen zu treffen, ist es wichtig, nicht nur die Gesamtergebnisse von Österreich zu betrachten, sondern diese Ergebnisse in Altersstrukturen, Ausbildungsniveau oder auch aktuelle Arbeitstätigkeiten zu untergliedern. Nur so kann sichergestellt werden, dass Online-Personalbeschaffung auch die richtigen Leute erreicht.

Grundlage dafür ist Abbildung 9, die die Internetnutzer 2007 aufgeschlüsselt nach bestimmten Faktoren zeigt.

A.07 Internetnutzer und Internetnutzerinnen 2007

Merkmale	Alle Personen	Personen mit Internetnutzung							Personen, die das Internet noch nie genutzt haben	
		in den letzten zwölf Monaten					vor mehr als einem Jahr			
		insgesamt		davon in den letzten						
				drei Monaten		zwölf, aber nicht in den letzten drei Monaten					
		in 1.000	in %	in 1.000	in %	in 1.000	in %	in 1.000	in %	in 1.000	in %
Insgesamt	6.165,6	4.276,9	69,4	4.123,0	66,9	154,0	2,5	156,6	2,5	1.732,0	28,1
Alter											
16 bis 24 Jahre	905,7	822,1	90,8	786,5	86,8	35,6	3,9	18,2	2,0	65,4	7,2
25 bis 34 Jahre	1.075,5	928,8	86,4	891,6	82,9	37,2	3,5	29,7	2,8	117,1	10,9
35 bis 44 Jahre	1.381,5	1.095,9	79,3	1.065,3	77,1	30,6	2,2	33,0	2,4	252,6	18,3
45 bis 54 Jahre	1.151,3	817,8	71,0	790,9	68,7	26,9	2,3	27,0	2,3	306,5	26,6
55 bis 64 Jahre	919,9	441,2	48,0	424,2	46,1	17,0	1,9	31,0	3,4	447,6	48,7
65 bis 74 Jahre	731,6	171,0	23,4	164,5	22,5	6,5	0,9	17,8	2,4	542,8	74,2
Geschlecht, Alter											
Männer	3.054,0	2.289,6	75,0	2.225,6	72,9	64,0	2,1	78,2	2,6	686,2	22,5
16 bis 24 Jahre	459,7	419,3	91,2	402,2	87,5	17,1	3,7	9,3	2,0	31,1	6,8
25 bis 34 Jahre	538,1	481,3	89,4	464,3	86,3	17,0	3,2	12,9	2,4	44,0	8,2
35 bis 44 Jahre	697,6	579,7	83,1	567,9	81,4	11,8	1,7	16,3	2,3	101,6	14,6
45 bis 54 Jahre	574,3	444,6	77,4	435,4	75,8	9,2	1,6	12,1	2,1	117,6	20,5
55 bis 74 Jahre	784,2	364,7	46,5	355,8	45,4	8,9	1,1	27,6	3,5	391,9	50,0
Frauen	3.111,6	1.987,4	63,9	1.897,4	61,0	90,0	2,9	78,4	2,5	1.045,8	33,6
16 bis 24 Jahre	446,0	402,8	90,3	384,3	86,2	18,5	4,1	8,9	2,0	34,3	7,7
25 bis 34 Jahre	537,4	447,5	83,3	427,2	79,5	20,3	3,8	16,9	3,1	73,1	13,6
35 bis 44 Jahre	683,8	516,2	75,5	497,4	72,7	18,8	2,8	16,7	2,4	151,0	22,1
45 bis 54 Jahre	577,1	373,3	64,7	355,5	61,6	17,8	3,1	14,9	2,6	188,9	32,7
55 bis 74 Jahre	867,3	247,6	28,5	232,9	26,9	14,7	1,7	21,2	2,4	598,5	69,0
Ausbildungsniveau											
ISCED 0-2	1.279,3	582,3	45,5	546,1	42,7	36,2	2,8	29,4	2,3	667,7	52,2
ISCED 3-4	3.931,0	2.847,5	72,4	2.739,9	69,7	107,6	2,7	112,4	2,9	971,1	24,7
ISCED 5-6	955,3	847,1	88,7	837,0	87,6	10,1	1,1	14,9	1,6	93,2	9,8
Lebensunterhalt											
Erwerbstätig	3.686,6	3.035,1	82,3	2.945,0	79,9	90,1	2,4	79,1	2,1	572,6	15,5
In Pension	1.189,7	333,7	28,1	318,6	26,8	15,1	1,3	41,1	3,5	814,9	68,5
Ausschließlich haushaltsführend	393,3	164,8	41,9	148,8	37,8	16,0	4,1	15,1	3,8	213,4	54,3
Schüler, Schülerinnen, Studierende	411,1	404,0	98,3	400,1	97,3	3,9	0,9	0,0	0,0	7,0	1,7
Sonstige soziale Stellung	484,7	339,3	70,0	310,5	64,0	28,8	5,9	21,4	4,4	124,1	25,6

Abbildung 9: Internetnutzer Zielgruppen 2007[100]

Besonders signifikant dabei ist, dass das Alter der Befragten sich direkt auf die Verwendung des Internet auswirkt. Je jünger die befragten Personen sind und damit die Tatsache widerspiegeln, mit dem Internet aufgewachsen zu sein, umso höher ist die Anzahl derer, aus deren Alltag das Internet

---

[100] Abbildung entnommen aus: Statistik Austria, 2007, URL:
http://www.statistik.at/web_de/Redirect/index.htm?dDocName=029050, S. 59 [11.01.2010].

3. E-Recruiting

nicht mehr wegzudenken ist. Während über 90 Prozent der Personen im Alter von 16 bis 24 Jahren in den vergangenen zwölf Monaten das Internet nutzen, sind es bei den 65 bis 74 jährigen nur noch 23 Prozent.

Von den Schülern und Studierenden, abgeleitet von den Altersgruppen, verwendet fast jeder einzelne das Internet, nur 1,7 Prozent dieser Berufsgruppe hat das Internet noch nie genutzt. Für die Informationsbereitstellung, das Kreieren einer Arbeitgebermarke (‚E-Branding'), die Bindung einzelner Personen an das Unternehmen, das Anbieten von Praktikumsplätzen bis hin zu einer Anwerbung von High-Potentials über das Internet sind also die Voraussetzungen geschaffen. Es liegt nun an den Unternehmen, diese auch für sich zu nutzen.

Eine Tendenz wie bei der Alterstruktur ist auch bei der Aufschlüsselung von Frauen und Männern gegeben, wobei dabei ersichtlich wird, dass Männer mit 75 Prozent im Gegensatz zu Frauen mit 64 Prozent nicht nur häufiger das Internet nutzen, sondern der Prozentsatz der Männer mit steigendem Alter weit weniger abnimmt als beim weiblichen Geschlecht. Bei den 55- bis 74-jährigen Männern benutzen immer noch gut 46 Prozent das Internet, während sich Frauen in diesem Alter nur zu 28 Prozent damit auseinandersetzen.

Zur Erläuterung des Ausbildungsniveaus wird die ISCED 1997 verwendet. Dies steht für ‚International Standard Classification of Education'.[101]

Dabei fallen u. a. folgende Bildungseinrichtungen in oben erwähnte Kategorien:[102]

- ISCED 0-2: Kindergarten, Vorschule, Volksschule, Sonderschule, Volksschule (Oberstufe), Hauptschule, Realschule, Allgemein bildende höhere Schule (Unterstufe)
- ISCED 3-4: Allgemein bildende höhere Schulen (Oberstufe, für Berufstätige, mit Berufsausbildung), Lehre, Fachschulen, Hochschulen, Land- und forstwirtschaftliche mittlere Schulen, Polytechnische Schulen, Haushaltungs- und Hauswirtschaftsschulen, Pflegehilfslehrgänge, Aufbaulehrgänge, Höhere berufsbildende Schulen, Schulen für Gesundheits- und Krankenpflege, Mittlere und Höhere Speziallehrgänge,

---

[101] Vgl. Statistik Austria, 2007, URL: http://www.statistik.at/web_de/klassifikationen/klassifikationsdatenbank/weitere_klassifikationen/bildungskl assifikation/index.html [11.01.2010].
[102] Vgl. Statistik Austria, 2007, URL: http://www.statistik.at/web_de/static/isced_xls_-_bildungsklassifikation_LatestReleased_023241.xls [21.03.2008].

3. E-Recruiting

Sonderpädagogische Lehrgänge, Universitäre Lehrgänge (Maturaniveau, weniger als 2 Jahre)

- ISCED 5-6: Bakkalaureatstudium und Diplomstudium im Fachhochschulbereich, Kurzstudium, Bakkalaureatstudium und Diplomstudium und (Doktorats-) Studium an Universitäten, Aufbau- und Ergänzungsstudium, Meister- und Werksmeisterausbildung, Kollegs, Akademien für Gesundheitswesen, für Sozialarbeit und zur Ausbildung von Lehrern (für allgemein bildende Pflichtschulen), Berufspädagogische Akademien, Land- und forstwirtschaftliche berufspädagogische Akademien, Universitäre Lehrgänge (Maturaniveau, mindestens 2-jährig), Doktoratsstudium

Auch beim Ausbildungsniveau ist ein klarer Trend zu sehen. Je höher das Ausbildungsniveau umso mehr wird das Internet verwendet. Während nur die Hälfte der Personen im Bereich von ISCED 0-2 das Internet benutzen, greifen beispielsweise Studenten von Fachhochschulen und Universitäten zu beinahe 90 Prozent zu diesem Werkzeug.

3. E-Recruiting

Trotz allem zeigt Abbildung 10, dass die Jobsuche und das Senden von Bewerbungsschreiben über das Internet noch in den Kinderschuhen stecken.

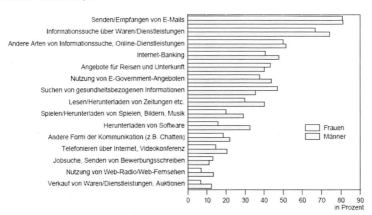

Abbildung 10: Zwecke der Internetnutzung 2007[103]

„12% der Internetnutzer und Internetnutzerinnen haben das Internet für die Jobsuche und zum Versenden von Bewerbungsunterlagen verwendet."[104] Diese Abbildung ist jedoch kritisch zu betrachten, da nicht vergessen werden darf, dass die Befragung nur widerspiegelt, wofür die Befragten das Internet in den letzten drei Monaten vor dem Befragungszeitpunkt verwendet haben. Informationssuchen und das Senden und Empfangen von E-Mails passieren in kürzeren Intervallen als die Suche nach einer neuen Arbeit.

---

[103] Abbildung entnommen aus: Statistik Austria, 2007, URL: http://www.statistik.at/web_de/Redirect/index.htm?dDocName=029050, S. 42 [11.01.2010].
[104] Statistik Austria, 2007, URL: http://www.statistik.at/web_de/Redirect/index.htm?dDocName=029050, S. 42 [11.01.2010].

3.4. Der E-Recruiting Prozess

Damit Personalarbeit im Umfeld des Internets erfolgreich von statten geht, ist ein geschlossener E-Recruiting Prozess von Nöten. Dieser Prozess steuert einen flexiblen Dialog zwischen dem Unternehmen und dem Bewerber und garantiert effiziente Abläufe innerhalb der Personalbeschaffung. Obwohl die Mehrheit der Unternehmen das Internet bereits für Stellenausschreibungen und für das Veröffentlichen von eigenen Informationen nützen, wird der Vorteil, dass es durch das World Wide Web erstmals möglich ist, sämtliche Personalbeschaffungsaktivitäten über das Internet durchzuführen, nur selten genutzt. Das elektronische Medium ermöglicht einen vollständigen, geschlossenen Beschaffungsprozess von der Stellenausschreibung über die Bewerbung, das Bewerbermanagement bis hin zur Einstellung.[105]

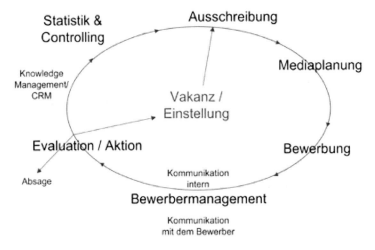

Abbildung 11: Der E-Recruiting Prozess[106]

Im Idealfall wird das Anforderungsprofil für eine freiwerdende Stelle in einem Computersystem erfasst und durch dieses System automatisch bei der Stellenausschreibung integriert. Durch eine Mediaplanung erfolgt dann die Auswahl der passenden Instrumente, wie beispielsweise einer bestimmten Jobbörse. Nach Veröffentlichung der freien Stelle können dann die Bewerber über ein Online-Formular ihr Interesse an dieser Position zeigen und mit dem Unternehmen in Kontakt

---

[105] Vgl. Schröter/Schwartz, 2002, S. 21.
[106] Abbildung entnommen aus: Schröter/Schwartz, 2002, Online im WWW unter URL: http://www.symposion.de/e-recruitment/e-recruit-03.htm [20.03.2008].

3. E-Recruiting

treten. Die Bewerbungen werden in eine Bewerberdatenbank aufgenommen, auf welche der gesamte Bewerbermanagement- und Kommunikationsprozess basiert. Damit findet der gesamte Rekrutierungsprozess mit Hilfe des Internets durch ein elektronisches System statt. Ein Statistik- und Controllingbereich ergänzt diesen Prozess noch durch eine erhöhte Transparenz und Dokumentation.[107]

„Durch die Integration der einzelnen Schritte in einen geschlossenen, webbasierten Gesamtprozess und die automatische Verknüpfung von gezielter Datenerhebung und -verwendung werden bisher bestehende Medienbrüche aufgehoben."[108]

Die folgenden näheren Erläuterungen der einzelnen Schritte sind als Möglichkeiten eines geschlossenen Gesamtprozesses zu sehen, welcher in der Realität bislang jedoch kaum in vollem Umfang zu finden ist.

3.4.1. Ausschreibung über Online-Stellenanzeigen

Während Print-Stellenanzeigen viel mehr Grenzen in Bezug auf Layout, Inhalt oder Umfang wie Zeichenanzahl oder Druckformate besitzen, kann ein Unternehmen bei Online-Stellenanzeigen durch einheitliche Richtlinien wie erstellte Vorlagen im Bereich des Personalmarketings hinsichtlich der Anzeigengestaltung eine Erhöhung des Wiedererkennungswertes erreichen. So ist es möglich, Anzeigen auf der eigenen Homepage und auf Jobbörsen identisch zu gestalten. Eine zentrale Stelle kann dann jederzeit Modifikationen an einem Angebot durchführen, die sofort auf den verschiedensten Seiten in das bereits veröffentlichte Stellenangebot einfließen. Durch Verlinkungen auf weitere Seiten können Interessenten sofort noch weitere Informationen über die Stelle oder das Unternehmen einholen und umgehend mit diesem in Kontakt treten.[109]

3.4.2. Mediaplanung

Obwohl es wie im herkömmlichen Rekrutierungsprozess auch bei der Online-Mediaplanung grundsätzlich um die Frage der richtigen Zielmedien und Veröffentlichungszeiträume geht, stehen hierbei die Zeiträume und nicht die Zeitpunkte im Vordergrund. Je nach Bewerber- und

---

[107] Vgl. Schröter/Schwartz, 2002, S. 22.
[108] Schröter/Schwartz, 2002, S. 23.
[109] Vgl. Schröter/Schwartz, 2002, S. 24f.

3. E-Recruiting

Bedarfssituation können diese problemlos in ihrer Dauer erhöht oder vermindert werden und ein Unternehmen auf verschiedenen Seiten dieselbe Anzeige mit einer unterschiedlichen Laufzeit veröffentlichen. Wichtig ist, dass die Veröffentlichungs- und Aktualisierungsprozesse standardisiert und eine Vereinfachung der Kommunikation mit den Jobbörsen damit erreicht wird. Die Ergebnisse der Mediaplanung stehen dann als Basis für das Controlling in der Datenbank zur Verfügung.[110]

3.4.3. Datenbankgestützte Bewerbungsformulare

Durch ein direkt mit dem auf der eigenen Webseite oder auf Jobbörsen veröffentlichten Stellenangebot verknüpften Bewerbungsformular kann sich ein Interessent sofort und einfach für die Stelle bewerben. In der Regel passiert dies durch eine Aufforderung zu einer E-Mail-Bewerbung oder durch eine Formularseite, die auch Möglichkeiten zur Beifügung von Lebensläufen u. a. bietet. Dabei ist jedoch zu beachten, dass standardisierte Onlineformulare nicht nur wenig interessierte Personen aufgrund der Einfachheit dazu aufrufen können, sich zu bewerben, sondern motivierte Bewerber auch abschrecken können, da verschiedene Bewerbergruppen auch unterschiedliche Aufforderungen zum Bereitstellen von gewissen Auskünften erwarten. Während Lehrlinge erwarten, nach ihrer Schulbildung, ihren Hobbies und sonstigen Interessen gefragt zu werden, liegt der Schwerpunkt bei Young Professionals eher in den Bereichen des Studiums oder der ersten Berufserfahrung. Je nach Zielgruppe sollten die Online-Bewerbungsmöglichkeiten also individuell gestaltet sein. Trotzdem muss es ein Online-Formular noch ermöglichen, dass die gegebenen Informationen sinnvoll und strukturiert in die Datenbank einfließen können.[111]

3.4.4. Bewerbermanagement

Im Rahmen eines geschlossenen E-Recruiting Prozesses wird auch die Kommunikation nach Einlangen der Bewerbungen über das elektronische Medium abgewickelt. Kurze Empfangsbestätigungen, Informationen zum aktuellen Stand der Bewerbung oder Absagen können über E-Mails unkompliziert und teils automatisch ausgesandt werden. Auch über Einladungen zu Bewerbungsgesprächen oder über Bitten um weitere Informationen werden die Bewerber über diesen Weg in kürzester Zeit in Kenntnis gesetzt. Wie schon bei den Bewerberformularen sind auch hierbei individuelle Vorlagen je nach Position und Bewerber empfehlenswert, um ein Empfinden

---

[110] Vgl. Schröter/Schwartz, 2002, S. 25f.
[111] Vgl. Schröter/Schwartz, 2002, S. 27f.

3. E-Recruiting

von Oberflächlichkeit zu vermeiden. Während ein webbasierter Rekrutierungsprozess die Kommunikation mit außen stehenden Personen verbessert, profitieren davon auch die internen Strukturen. Das Weiterleiten von Bewerbungen und das Einholen von Feedback der für die Bewerbung relevanten Personen können mittels E-Mail schnell durchgeführt werden. Für die Zukunft relevante Bewerber, die sich beispielsweise initiativ beworben haben, im Moment aber für keinen freien Posten einzusetzen sind, werden in den Datenbanken gespeichert und die Verantwortlichen intern ohne großen Zeitverlust darüber informiert, dass ein potentieller Kandidat vorhanden wäre.[112]

Das Ende des E-Recruiting-Prozesses bildet immer das persönliche Bewerbungsgespräch, das zu einer abschließenden Beurteilung von Seiten des Unternehmens und des Bewerbers führt. Der Abschluss eines Dienstvertrages kann der Abschluss dieser Beurteilung sein [nach Ansicht des Verfassers, d.Verf.].

3.4.5. Statistik und Controlling

Das Online-Recruiting sorgt dafür, dass dieser Prozess mit Hilfe einer Bewerberdatenbank automatisch ablaufen kann. Neben der Möglichkeit, Bewerberdaten schnell und einfach wieder abzurufen, können auch Aussagen der über die Erfolge oder Misserfolge von Bewerbungen auf bestimmten Webseiten, bei gewissen Zielgruppen oder in bestimmten Zeiträumen getroffen werden.[113]

3.4.6. Beurteilung des E-Recruiting-Prozesses

Würde ein geschlossener, webbasierter E-Recruiting Prozess tatsächlich gelingen, könnte man die Vorteile vor allem aus zwei Punkten ableiten:[114]

- Alle wichtigen Schritte der Personalbeschaffung werden in den Online-Recruiting Prozess integriert, was für einen geschlossenen Prozess ohne Medienbrüche sorgt.

---

[112] Vgl. Schröter/Schwartz, 2002, S. 28ff.
[113] Vgl. Schröter/Schwartz, 2002, S. 31f.
[114] Vgl. Schröter/Schwartz, 2002, S. 31.

3. E-Recruiting

- Sämtliche Aktivitäten werden gleichzeitig ausgeführt und es kann aufgrund der elektronischen Datenverwaltung eine Dokumentation jenseits der papierbasierten Datenhaltung erfolgen.

Obwohl auf die Vorteile der Online-Personalbeschaffung später noch genauer eingegangen wird, zeigen sich hier am Beispiel eines geschlossenen E-Recruiting Prozesses schon die Einsparungspotentiale hinsichtlich Zeit und Kosten. Die Bewerbungsunterlagen fließen standardisiert und automatisch an eine Stelle ein und Kosten wie Portokosten für Absagen und zurückgesendete Bewerbermappen u. a. entfallen völlig.[115]

Kritisch dabei zu betrachten ist jedoch das in Kapitel: 3.2. ‚Abgrenzung des E-Recruitings' erwähnte persönliche Bewerbungsgespräch. Selbst in einem vollständigen, geschlossenen E-Recruiting Prozess ist dieser Schritt von Seiten des Unternehmens unabdingbar und nur in gewissem Maße durch ein Videointerview mittels Webcam zu ersetzen.[116]

3.5. Instrumente des E-Recruitings

"Job and career information is perfectly suited to the trend toward online services and the growth in Internet resources and services in this area is skyrocketing."[117]

Spiel und Spaß sind schon lange nicht mehr die einzigen Gründe, das Internet zu besuchen. E-Recruiting nimmt einen immer wichtiger werdenden Stellenwert ein.[118] Immer mehr und mehr Online-Rekrutierungsinstrumente und Karriereportale im Internet machen den herkömmlichen Printmedien Konkurrenz.[119] Dafür sind vor allem die Vorteile des E-Recruitings verantwortlich, die später behandelt werden.

In diesem Kapitel werden die Instrumente des E-Recruitings erläutert, auf die ein Unternehmen bei der Online-Personalsuche zurückgreifen kann.

---

[115] Vgl. Eckstein/Klugmann/Schmeisser, 2002, S. 86.
[116] Vgl. Dick, 2002a, S. 97.
[117] Riley Dikel/Roehm, 2000, S. vi (Preface).
[118] Vgl. Hönigsberger-Rupp/Rupp, 2001, S. 82.
[119] Vgl. Engel, 2003, S. 36.

Folgende Möglichkeiten stehen einem Unternehmen bei der Onlinesuche nach Personal zur Verfügung:

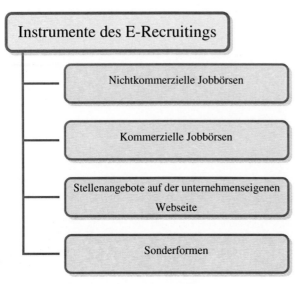

Abbildung 12: Instrumente des E-Recruitings[120]

---

[120] Vgl. Lohberg, 2006, S. 85.

3. E-Recruiting

3.5.1. Nichtkommerzielle Jobbörsen

Unter nichtkommerzielle Jobbörsen fallen Online-Stellenbörsen von öffentlichen Trägern und Einrichtungen, Verbänden und wohltätigen Organisationen, die kostenlos oder gegen geringes Entgelt zur Kostendeckung zur Verfügung stehen.[121] Als typisches Beispiel ist hier das Onlineservice des Arbeitsmarktservice zu nennen. Der eJob-Room für Unternehmen bietet für diese nach Registrierung die Möglichkeit, kostenlos Stellenangebote zu erstellen und zu veröffentlichen. Das AMS bietet dabei auch eine eigene Mailbox und Benachrichtigungsfunktion mittels E-Mail oder SMS an.[122]

Auch Universitäten mit Jobportalen, die über die Suche nach eigenen Mitarbeitern hinausgeht, gehören zu den nichtkommerziellen Jobbörsen. Ein Beispiel dafür ist das Job- & Karriereportal der Kepler Society der Johannes Kepler Universität in Linz. Dieses bietet neben Link zu unternehmenseigenen Jobportalen (Human Resources Webseiten) auch Hilfe bei Bewerbungen und die Möglichkeiten für Unternehmen, gegen eine geringe Gebühr freie Stellen auszuschreiben.[123]

Obwohl die Quantität solcher nichtkommerziellen Jobbörsen nicht mit solchen der großen kommerziellen Gegenstücke mithalten kann, sollten Unternehmen diese Möglichkeit nicht außer Acht lassen, da die Suche nach potentiellen Mitarbeitern unter Umständen zielgerichteter erfolgen kann, wenn zum Beispiel ein Mitarbeiter aus einer gewissen Region mit einem bestimmten Abschluss gesucht wird.[124]

---

[121] Vgl. Lohberg, 2006, S. 93.
[122] Vgl. Arbeitsmarktservice, URL: http://jobroom.ams.or.at/entry/un_aut_login.htm [24.03.2008].
[123] Vgl. Kepler Society, URL: http://www.ks.jku.at/index.php?cid=3 [24.03.2008].
[124] Vgl. Lohberg, 2006, S. 95.

3.5.2. Kommerzielle Jobbörsen

„*The well-written, targeted, longer online job ad achieves something special: It tends to attract fewer total resumes and more excellent resumes.*"[125]

Kommerzielle Jobbörsen sind eine der wichtigsten Quellen rund um Stellenangebote, Karrieremöglichkeiten und Unternehmensprofile. Im Unterschied zu herkömmlichen Printmedien ist eine wesentlich gezieltere Suche nach passenden Arbeitskräften möglich.[126] Die Internet-Stellenmärkte rund um Jobbörsen sind ein fester Bestandteil in der Recruiting-Branche geworden.[127]

Die Anzahl von Online-Jobbörsen ist für Unternehmen kaum noch zu überblicken. Unzählige Online-Stellenmärkten stehen zur Verfügung und es ist nicht einfach, die besten herauszufiltern. Oft werden sie an der Zahl ihrer Stellenangebote und Bewerberprofile und der Anzahl der Besucher auf der Seite gemessen. Die Popularität einer Jobbörse spiegelt mehr oder weniger auch den Erfolg wider.[128] Trotzdem gibt es zusätzliche Punkte, die bei der Wahl der richtigen Jobbörse zu beachten sind:[129]

- Für den Bewerber sind alle Funktionen der Jobbörse kostenlos
- Aktuelle Angebote
- Filterfunktionen für die Suche nach gewissen Kriterien wie Branchen, Regionen, Zielgruppen u. a. sind in der Suchmaschine der Seite und bei den Jobangeboten selbst integriert
- Die Jobbörse bietet einen eigenen Server für das Hochladen von Lebensläufen, Fotos, Broschüren u. a. an
- Bestimmte Arbeitgeber/Arbeitnehmer können ignoriert werden
- E-Mail oder SMS Benachrichtigungen auf Anfrage
- Sofortige Bewerbung auf ein Stellenangebot ist möglich

---

[125] McCarter/Schreyer, 1998, S. 57.
[126] Vgl. Hönigsberger-Rupp/Rupp, 2001, S. 110.
[127] Vgl. Vollmer, 2003, S. 32.
[128] Vgl. Böck/Gärtner, 2003, S. 28.
[129] Vgl. Hönigsberger-Rupp/Rupp, 2001, S. 111.

3. E-Recruiting

Auch Sicherheitsaspekte bei der Datenübermittlung und Möglichkeiten für zusätzliche Informationen wie das Abonnieren von Newslettern sind wichtig. Das Anzeigen der Übereinstimmungsrate zwischen Angeboten in den Stellenprofilen der Unternehmen und Gesuchen in den Bewerberprofilen der Interessenten („Matching') ist ein weiteres relevantes Kriterium bei der Entscheidung für eine Stellenbörse.[130]

Obwohl auf die Vorteile des E-Recruitings, die mit den Vorteilen von Jobbörsen deckungsgleich sind, noch später eingegangen wird, liegen diese auf der Hand. Die Reichweite der Anzeigen ist im Vergleich zu Printmedien hoch und auch bei der Dauer und Verfügbarkeit über 24 Stunden am Tag haben Online-Jobbörsen die Nase vorn. Bei Interessenten und Bewerbungen wird von einer Sekunde auf die andere mittels E-Mail-Benachrichtigungen informiert und eine gezielte Recherche nach Arbeitnehmern auf der einen, und potentiellen Arbeitgebern auf der anderen Seite ist möglich.[131]

Aufgrund der steigenden Zahl von Bewerbern und Unternehmen, die auf das Internet zur Job- und Mitarbeitersuche zurückgreifen, sind auch die Anforderungen für die Jobbörsen gestiegen. Filterfunktionen für Bewerbungen und zusätzliche Services für die ausschreibenden Unternehmen sind inzwischen ein Muss geworden.[132] Aus diesem Grund haben sich verschiedene Arten von Jobbörsen entwickelt, die im Folgenden näher erläutert werden.

---

[130] Vgl. Paschen, 2002, S. 111.
[131] Vgl. Paschen, 2002, S. 91.
[132] Vgl. Weideneder, 2001, S. 385.

3. E-Recruiting

Folgende Arten von Jobbörsen sind für ein Unternehmen bei der Onlinesuche nach Personal verfügbar:

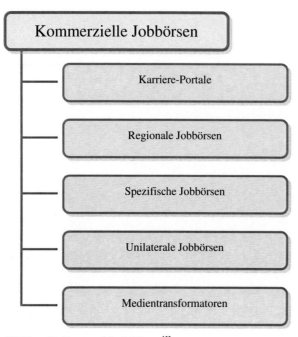

Abbildung 13: Kommerzielle Jobbörsen[133]

---

[133] Vgl. Lohberg, 2006, S. 96.

3.5.2.1. Karriere-Portale

Bei der großen Anzahl an digitalen Stellenmärkten reicht das herkömmliche Angebot im Sinne von einer alleinigen Veröffentlichung von Jobangeboten auf Unternehmerseite und von Bewerberprofilen von Jobsuchenden nicht mehr aus. Die meisten Jobbörsen haben sich heutzutage dank umfassender Zusatzangebote zu Karriereportalen entwickelt. Diese zeichnen sich durch die Möglichkeit der Inanspruchnahme der kompletten Dienstleistung in der Personalsuche aus.[134]

Karriereportale sind Jobbörsen, die eine Vielzahl von Regionen, Branchen und berufsgruppenspezifische Zielgruppen behandeln.[135] Sofern das Unternehmen es wünscht, werden von diesen Portalen das Verfassen und Gestalten von Stellenausschreibungen, die Administration der Bewerbung oder auch eine Bewerbervorauswahl übernommen. Auch virtuelle Jobmessen und Online-Assessment-Center sind Bestandteil des Angebotes von Karriereportalen.[136] Online-Assessments gehen vor allem durch ‚Recruitainment-Angebote'[137] (Verbindung aus E-Recruiting und Infotainment [Information und Entertainment, d.Verf.][138]) oder durch Tests zur Prüfung berufsrelevanter Persönlichkeitsmerkmale und Kompetenzen vonstatten.[139] Zusatzfunktionen wie die bereits erwähnten Matching-Funktionen, vielfältige Suchtechniken, Benachrichtigungsfunktionen per E-Mail oder SMS bei einer passenden Stelle für den Bewerber oder bei einem geeigneten Bewerber für eine freie Stelle sowie umfangreich Informationen rund um Arbeitsverträge, Gehaltsanalysen oder Gestaltungshilfen sind inzwischen Standard in den meisten Karriereportalen.[140]

---

[134] Vgl. Eckstein/Klugmann/Schmeisser, 2002, S. 92.
[135] Vgl. Lohberg, 2006, S. 96.
[136] Vgl. Eckstein/Klugmann/Schmeisser, 2002, S. 92.
[137] Siehe Kapitel 3.5.3: Stellenangebote auf der unternehmenseigenen Webseite / Zusatznutzen für den Nutzer.
[138] Vgl. Gersdorf/Voigt, 2004, S. 10.
[139] Vgl. Krüger, 2002, S. 223.
[140] Vgl. Lohberg, 2006, S. 96.

3. E-Recruiting

Im Folgenden werden Österreichs größte und wichtigste Karriereportale genannt[141]:

www.StepStone.at (ehemals Jobfinder.at)

StepStone.at ist der führende österreichische Online-Stellenmarkt aufgrund der für Österreich verfügbaren Stellenangebote (mit über 30.000 Inseraten).[142] Neben dem Auftreten als Karriereportal betreut StepStone auch diverse Branchen- oder berufsspezifische Jobbörsen wie unijobs.at für Studenten oder Jobnews.at als Personalberatungsplattform[143] und ist auch international gesehen in über 50 Ländern vertreten.[144]

Abbildung 14: Kommerzielle Jobbörse StepStone.at[145]

www.monster.at (inklusive www.jobpilot.at)

Das Online-Stellenportal von monster ist eines der weltweit größten Karriere-Netzwerke im Internet. 490 der weltweit 500 größten Unternehmen bedienen sich der Hilfe des monster-Netzwerks. Durch die Fusion von jobpilot und monster beinhaltet das Netzwerk weltweit 42

---

[141] Vgl. Hönigsberger-Rupp/Rupp, 2001, S. 113ff.
[142] Vgl. StepStone.at, URL: http://www.stepstone.at/leitbild.cfm [30.03.2008].
[143] Vgl. StepStone.at, URL: http://www.stepstone.at/partners.cfm [30.03.2008].
[144] Vgl. StepStone.at, URL: http://www.stepstone.at/the_network.cfm [14.04.2008].
[145] Vgl. StepStone.at, URL: http://www.stepstone.at [30.03.2008].

3. E-Recruiting

Millionen Lebensläufe und 25 nationale Webseiten (darunter auch www.monster.at (mit über 4.000 Stellenangeboten[146])/ www.jobpilot.at).[147]

Abbildung 15: Kommerzielle Jobbörse monster.at[148]

www.karriere.at

Karriere.at forciert vor allem den Einsatz der eigenen Unternehmenshomepage unter der Berücksichtigung von ‚E-Branding'. Trotz des Fokus auf die eigenen Seiten der Unternehmen ermöglicht es karriere.at auch, Jobangebote auf dem Karriereportal zu veröffentlichen. Mit über 6.300 Jobs in Österreich hat sich auch dieser Bereich von karriere.at als rein österreichische Jobbörse stark entwickelt. Zusatzangebote sind von Gehaltsrechnern über Bewerbungstipps, Tipps für Vorstellungsgespräche, Trends, Aus- und Weiterbildungsangeboten, Vorlagen für die Anzeigengestaltung bis hin zu Buchtipps u. a. reichlich vorhanden.[149]

---

[146] Vgl. monster.at, URL:
http://jobsuche.monster.at/search.aspx?q=&cnme=&zip=&rad=2&lid=1336&lid=1337&lid=1338&lid=1339&lid=1340&lid=1341&lid=1342&lid=1343&lid=1344&cy=at&vw=b&utf8=%C9%98 [14.04.2008].
[147] Vgl. monster.at, URL: http://www.monster.at/about [30.03.2008].
[148] Vgl. monster.at, URL: http://www.monster.at [30.03.2008].
[149] Vgl. karriere.at, URL: http://www.karriere.at [11.04.2008].

3. E-Recruiting

Abbildung 16: Kommerzielle Jobbörse karriere.at[150]

www.careesma.at

Careesma.at zeichnet sich vor allem als eine große europaweite Jobbörse aus, die die führenden Jobbörsen in Polen, Spanien und Italien leitet. Mit über 6 Millionen potentiellen Arbeitskräften und 165.000 Unternehmen in Europa[151] wurde im Oktober 2006 auch der österreichische Markt mit einer eigenen Seite integriert, an der sich inzwischen 1.400 Unternehmen mit 2.700 Jobangeboten (Stand November 2007) beteiligen.[152] Careesma wirbt mit der kostenlosen Anzeigenschaltung für Unternehmen.[153]

---

[150] Vgl. karriere.at, URL: http://www.karriere.at [11.04.2008].
[151] Vgl. careesma.at, URL: http://www.careesma.at/de/us.php [31.03.2008].
[152] Vgl. careesma.at, URL: http://www.careesma.at/de/statistics.php [31.03.2008].
[153] Vgl. careesma.at, URL: http://www.careesma.at/de/employer [31.03.2008].

3. E-Recruiting

Abbildung 17: Kommerzielle Jobbörse careesma.at[154]

www.jobmonitor.com

Jobmonitor bezeichnet sich als einer der größten Stellenbörsen im deutschen und österreichischen Raum.[155] Über 106.000 Stellenangebote (davon 1.200 in Österreich) und 120.000 Jobsuchende (davon 52.000 aus Österreich) werden auf jobmonitor.com angeboten. Wie schon bei careesma.at können auch hier Stellenangebote kostenlos geschaltet werden[156], was sich allerdings [nach Meinung des Verfassers, d.Verf.) in vielen Anzeigen (Werbeeinschaltungen) von externen Seiten wie Google niederschlägt. Auch die Zusatzangebote können sich nicht mit denen der größeren Jobbörsen messen.

---

[154] Vgl. careesma.at, URL: http://www.careesma.at/de/jobseeker [31.03.2008].
[155] Vgl. jobmonitor.com, URL: http://www.jobmonitor.com/cgi-bin/jobmonitor_info.pl?a=2#t1 [31.03.2008].
[156] Vgl. jobmonitor.com, URL: http://www.jobmonitor.com/company [31.03.2008].

3. E-Recruiting

Abbildung 18: Kommerzielle Jobbörse jobmonitor.com[157]

---

[157] Vgl. jobmonitor.com, URL: http://www.jobmonitor.com [31.03.2008].

3. E-Recruiting

www.jobadler.at

Jobadler.at ist weniger ein Karriere-Portal als mehr ein Jobportal im klassischen Sinne zum Ausschreiben von Stellenangeboten aus Unternehmersicht und zum Anlegen von Bewerberprofilen aus Sicht der Jobsuchenden. Dafür ist dies für beide Seiten kostenlos und es werden immerhin knapp 1.000 Stellenangebote von 400 Unternehmen in ganz Österreich genannt.[158]

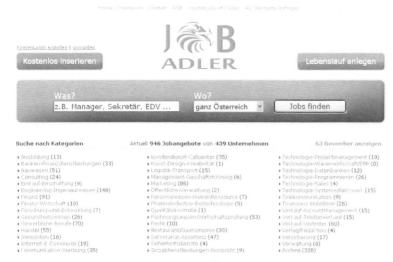

Abbildung 19: Kommerzielle Jobbörse jobadler.at[159]

---

[158] Vgl. jobadler.at, URL: http://www.jobadler.at [31.03.2008].
[159] Vgl. jobadler.at, URL: http://www.jobadler.at [14.04.2008].

3. E-Recruiting

Folgende Tabelle fasst die oben genannten kommerziellen Jobbörsen im Überblick zusammen:

Jobbörse	Stellenmarkt Österreich	Kostenlos für Unternehmen	Internationales Netzwerk	Umfassende Zusatzleistungen
StepStone	> 30.000	nein	ja	ja
monster	> 4.000	nein	ja	ja
karriere	> 6.300	nein	eher Österreich	ja
careesma	> 2.700	ja	ja	ja
Jobmonitor	> 1.200	ja	eher Deutschland	nein
jobadler	> 1.000	ja	nein	nein

Abbildung 20: Kommerzielle Jobbörsen im Überblick[160]

Als andere Stellenbörsen, die stark durch den deutschen Markt beeinflusst und weniger auf den österreichischen Markt ausgerichtet sind oder zu den weniger bekannten gehören, können der Vollständigkeit halber genannt werden:

- www.eurojobs.at
- www.jobscout24.at
- www.stellenanzeigen.at
- www.job-direct.at
- www.willhaben.at

Als Stellenmarkt mit einer Ansammlung von Anzeigen aus über 4.000 Jobbörsen präsentiert sich www.jobcenter.at.[161]

---

[160] Vgl. Kapitel 3.5.2.1: Karriere-Portale.
[161] Vgl. jobcenter.at, URL: http://www.jobcenter.at [31.03.2008].

3. E-Recruiting

3.5.2.2. Regionale Jobbörsen

Im deutlich kleineren Rahmen und oft als Jobbörse im klassischen Sinne mit Bewerbungen und Stellenausschreibungen, aber ohne die Zusatzfunktionen, die ein Karriere-Portal bietet, beziehen sich regionale Jobbörsen auf eine regional definierte Zielgruppe. Regionale Jobbörsen machen dann Sinn, wenn Mitarbeiter aus dem direkten Umfeld des Unternehmens gesucht werden sollen.[162] Ein Beispiel für diese Art von Jobbörse ist Jobankünder mit www.ooejob.at, welches Stellen von Oberösterreich offeriert.

Abbildung 21: Regionale Jobbörse ooejob.at[163]

Auf dieser Seite erfolgt eine weitere Untergliederung in www.innjob.at, www.muehljob.at, www.traunjob.at und www.hausruckjob.at für die einzelnen Regionen Oberösterreichs.[164]

3.5.2.3. Branchen- oder berufsspezifische Jobbörsen

Um den Streuverlust so gering wie möglich zu halten und eine hohe Zielgruppenaffinität herzustellen, werden bei branchen- oder berufsspezifischen Jobbörsen nur bestimmte Berufsgruppen behandelt. Besonders häufig treten diese Jobbörsen im IT- oder Gesundheitssektor

---

[162] Vgl. Lohberg, 2006, S. 96.
[163] Vgl. Jobankünder: Die regionale Jobbörse, URL: http://www.ooejob.at [14.04.2008].
[164] Vgl. Jobankünder: Die regionale Jobbörse, URL: http://www.ooejob.at [01.04.2008].

3. E-Recruiting

auf.[165] Als Beispiel dafür wäre www.ePunkt.net zu nennen, die sich zum größten IT- und EDV Personalberater Österreichs entwickelt haben und sich nun auch auf die Berufsfelder der technischen und kaufmännischen Berufe erweitert haben. Dadurch nimmt ePunkt die führende Position der Personalberater in Oberösterreich ein.[166]

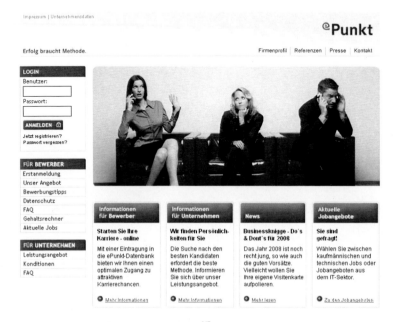

Abbildung 22: Spezifische Jobbörse ePunkt.net[167]

Als eine andere Möglichkeit der branchen- oder berufsspezifischen Jobbörsen ist die von StepStone veröffentlichte Studentenjobbörse www.unijobs.at zu nennen. Auf dieser Jobbörse werden Stellen für Studierende ausgeschrieben, angefangen von Ferialjobs, Praktika bis hin zu Aushilfsjobs. Vollzeitbeschäftigungen finden auf dieser Seite keine Beachtung.[168]

---

[165] Vgl. Lohberg, 2006, S. 97.
[166] Vgl. ePunkt, URL: http://www.epunkt.net/Content/Contact/Profile.aspx [01.04.2008].
[167] Vgl. ePunkt, URL: http://www.epunkt.net [01.04.2008].
[168] Vgl. unijobs.at, URL: http://www.unijobs.at/data/kriterien.php [01.04.2008].

3. E-Recruiting

Abbildung 23: Spezifische Jobbörse unijobs.at[169]

3.5.2.4. Unilaterale Jobbörsen

Das Besondere an unilateralen Jobbörsen ist, dass nur Bewerber oder nur Stellenausschreibungen im Blickpunkt stehen. Das heißt, es wird nur eine Seite des Arbeitsmarktes behandelt.[170] Als Beispiel in Österreich für eine unilaterale Jobbörse kann www.jobboerse.at (www.job-consult.com) genannt werden. Die Jobbörse bietet zwar die Möglichkeit einer Bewerberdatenbank, mit nur knapp 170 Bewerbern im Vergleich zu 5.500 Stellenangeboten von über 600 Unternehmen kann sie aber als stellenausschreibungsorientierte Jobbörse gesehen werden.[171]

---

[169] Vgl. unijobs.at, URL: http://www.unijobs.at/data/index.php [14.04.2008].
[170] Vgl. Lohberg, 2006, S. 97.
[171] Vgl. jobboerse.at, URL: http://www.jobboerse.at [01.04.2008].

3. E-Recruiting

Abbildung 24: Unilaterale Jobbörse jobboerse.at[172]

Diese Art von Jobbörsen findet sich äußerst selten, da im Rahmen von kommerziellen Jobbörsen das Angebot beider Seiten als oftmals selbstverständlich angesehen wird.[173]

3.5.2.5. Medientransformatoren

Verlage als Herausgeber von Printmedien reagieren auf ihre Onlinekonkurrenz zusätzlich neben dem Abdrucken in den Magazinen durch die Transformation ihrer Stellenanzeigen und Stellengesuche auf eigene Internet-Jobbörsen.[174] ‚Der Standard' hat sich mit seiner Online-Karriereseite mit über 2.000 Stellenangeboten[175] für Österreich als beeindruckendes Beispiel für Medientransformatoren etabliert.

---

[172] Vgl. jobboerse.at, URL: http://www.jobboerse.at [01.04.2008].
[173] Vgl. Lohberg, 2006, S. 97.
[174] Vgl. Lohberg, 2006, S. 97.
[175] Vgl. Standard.at, URL: http://derstandard.at/?url=/anzeiger/derjob/SearchForm.aspx - Österreich anhaken und auf ‚Suchen' klicken [14.04.2008].

3. E-Recruiting

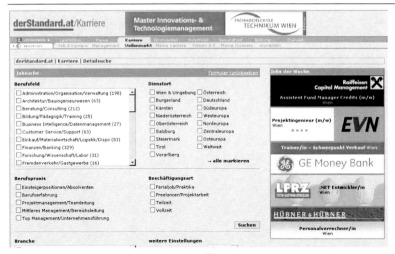

Abbildung 25: Medientransformator Standard.at[176]

Ein anderes Beispiel mit ebenfalls ca. 2.000 Stellenangeboten[177] ist www.jobmedia.at. Auf dieser Seite werden alle Stellenangebote aus KURIER und Kronen Zeitung veröffentlicht. Auch reine Onlineausschreibungen sind möglich.[178]

Abbildung 26: Medientransformator Jobmedia.at[179]

---

[176] Vgl. Standard.at, URL: http://derstandard.at/?url=/anzeiger/derjob/SearchForm.aspx [01.04.2008].
[177] Vgl. Jobmedia.at, URL: http://jobmedia.krone.at/index.php?modul=suche_schnell&ergebnis=true#ergebnis [14.04.2008].
[178] Vgl. Jobmedia.at, URL: http://jobmedia.krone.at/index.php?lay=true [01.04.2008].
[179] Vgl. Jobmedia.at, URL: http://jobmedia.krone.at/index.php?lay=true [14.04.2008].

3. E-Recruiting

Auch die Oberösterreichischen Nachrichten als regionaler Medientransformator mit über 500 Angeboten[180] sind ein erwähnenswertes Beispiel für diese Art von Jobbörse.

Abbildung 27: Medientransformator ooen.at[181]

---

[180] Vgl. OÖ Nachrichten, URL: http://markt.nachrichten.at/?em_maske=suche_ergebnis&em_markt=89 [14.04.2008].
[181] Vgl. OÖ Nachrichten, URL: http://markt.nachrichten.at/?em_maske=suche_ergebnis&em_markt=89 [14.04.2008].

3.5.3. Stellenangebote auf der unternehmenseigenen Webseite

Die eigenen Webseiten werden schon lange nicht mehr nur noch zur Präsentation des Unternehmens und dessen Produkte verwendet. Eine Jobbörse ist mittlerweile auf den Internetseiten von Unternehmen Standard.[182]

Dabei ist zu unterscheiden, ob das Unternehmen seine Stellenangebote direkt durch einen Link auf ihrer Unternehmenshomepage anbietet oder eine eigene Human Resources Seite für die Personalgewinnung zur Verfügung stellt.[183] Ein Link zu einer Stellenbörse wird oft mit den Worten ‚Jobs', ‚Karriere' oder ‚Bewerbung' bezeichnet und kann auf den ersten Blick leicht übersehen werden.[184]

Ein Beispiel dafür bietet Scheuch mit deren Homepage. Auf dieser Seite ist der Bereich der Personalabteilung über den Link ‚Karriere' zu erreichen.

Abbildung 28: Personalbereich mittels Link auf der Unternehmenshomepage[185]

Eine so genannte Human Resources Seite ist eine eigenständige Seite des Personalbereichs, die sich mit ihrem Design und ihrer Struktur an den Gesamtauftritt des Unternehmens im Internet anpasst.[186]

---

[182] Vgl. Lohberg, 2006, S. 106.
[183] Vgl. Lohberg, 2006, S. 106.
[184] Vgl. Giesen/Jüde, 1999, S. 64.
[185] Vgl. Scheuch.at, URL: http://www.scheuch.at [11.01.2010].
[186] Vgl. Lohberg, 2006. S. 106.

3. E-Recruiting

Ein Beispiel dafür ist die Human Resources Seite von Ubisoft Kanada. Diese kann zwar über einen Link von der unternehmenseigenen Webseite erreicht werden, wird aber vor allem über die Adresse http://www.jobs.ubisoft.ca nach außen transportiert. Diese Seite bietet neben den üblichen Job- und Praktikaangeboten auch Informationen über das Leben und über die Wohnungssituation in der Stadt des Sitzes des Unternehmens, Tour-Angebote zur persönlichen Kontaktaufnahme mit den Verantwortlichen, Berichte von Mitarbeitern über ihre Arbeit und vieles mehr.

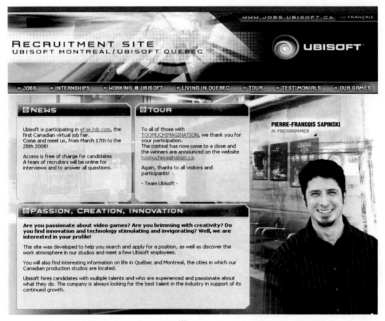

Abbildung 29: Human Resources Webseite[187]

Dabei ist eine eigene Human Resources Seite im Generellen nicht besser oder schlechter als ihr verlinktes Gegenstück. Welche Art von Onlineauftritt des Personalbereiches sinnvoller Weise verwendet wird, hängt [nach Meinung des Verfassers, d.Verf.] vor allem von der Größe des Unternehmens und damit von den verfügbaren Ressourcen wie Mitarbeiter in der IT- oder Personalabteilung oder dem Zeitaufwand, den ein Unternehmen bereit ist, für diesen Bereich zu investieren, ab.

---

[187] Vgl. Ubisoft Kanada, URL: http://www.jobs.ubisoft.ca [26.03.2008].

3. E-Recruiting

Davon abgesehen, für welche Art von Stellenangeboten auf der eigenen Webseite sich ein Unternehmen entscheidet, soll diese zu einer Bewerbung motivieren, indem das Unternehmen sich als attraktiver Arbeitgeber am Markt präsentiert.[188]

Folgende Kriterien sind dafür unerlässlich:

- Richtige Zielansprache
- Inhalte vor Design
- Nutzerorientierte Strukturierung
- Marketing
- Kontaktaufnahme
- Ressource ‚Zeit' für den Nutzer
- Aktualität
- Externe Partner sorgfältig wählen
- Kontinuierliche Verbesserung
- Technik und Sicherheit
- Zusatznutzen für den Nutzer

Richtige Zielansprache

Um die richtigen Zielgruppen auf der eigenen Webseite zu erreichen, ist es unerlässlich, zu wissen, wer diese besucht. Eine Möglichkeit, dies zu erfahren, sind direkte Umfragen auf der Seite. Es eignen sich Fragen, die gewisse Zielgruppen wie ‚Schüler', ‚Studenten', ‚Absolventen' oder auch ‚Berufserfahrene' als Antworten benötigen (zum Beispiel: „In welche Kategorie bezüglich deiner momentanen Arbeitssituation stufst du dich ein?"). Wichtig ist, auf Abkürzungen zu verzichten und nicht nur potentiellen Bewerbern, sondern auch Kunden, Geschäftspartnern, Aktionären, Journalisten u. a. Inhalte zu bieten, die auf deren Informationsanfragen abgestimmt sind.[189]

Inhalte vor Design

Oft werden aufgrund der designtechnischen Möglichkeiten bei einem Internetauftritt auf die Inhalte vergessen. Das Hauptaugenmerk sollte jedoch auf den Informationen zum Unternehmen und auf

---

[188] Vgl. Jüde/Köhler, 2000, S. 152ff.
[189] Vgl. Eckstein/Klugmann/Schmeisser, 2002, S. 86.

3. E-Recruiting

Einstiegs- und Entwicklungsmöglichkeiten liegen.[190] Bewerber sind nicht nur an den aktuellen freien Stellen interessiert, sondern auch an der Unternehmensphilosophie und an sonstigen Recruiting-Aktivitäten des Unternehmens wie der Auftritt auf Messen, FAQs (Frequently Asked Questions) zum Berufseinstieg in diesem Unternehmen, Erfahrungsberichten von bestehenden Mitarbeitern oder Kooperationen mit Partnern.[191]

Nutzerorientierte Strukturierung

Die Struktur und Gestaltung können einem Besucher helfen oder ihn behindern. Ein strukturierter Aufbau orientiert sich an den externen Besuchern und Werkzeuge wie Suchfunktionen erleichtern einen positiven Gesamteindruck einer Seite. Auch können zu viele weiterführende Links den Besucher von seiner eigentlichen Absicht des Besuches auf der Seite ablenken und ihn überfordern.[192] Ist dem Informationssuchenden der Aufbau der Webseite nicht verständlich, wird er die für ihn relevanten Daten nicht finden und von einer möglichen Bewerbung absehen. Eine klare Navigation und Struktur signalisiert auch ein innovatives und modernes Unternehmen, das die Möglichkeiten des Mediums Internet verstanden hat.[193] Bei den Stellenangeboten selbst kann es ab einer gewissen Anzahl Sinn machen, diese nach Unternehmens- und Funktionsbereichen oder auch nach Zielgruppen zu gliedern.[194]

Marketing

Das Marketing darf auch bei der eigenen Unternehmenspersonalseite nicht halt machen. Webauftritte des Personalbereiches müssen durch verschiedene Medien wie Unternehmensbroschüren, Unternehmenswebseiten, bei Jobbörsen und Suchmaschinen oder bei TV-Spots des Unternehmens bekannt gemacht werden.[195]

Kontaktaufnahme

Die Kontaktaufnahme ist für einen potentiellen Bewerber essentiell. Findet er diese auf der Unternehmenshomepage nicht, wird er die Bewerbung möglicherweise unterlassen. Bei der Veröffentlichung von Stellenanzeigen auf der Unternehmenshomepage ist wichtig, E-Mail-Verknüpfungen zum Senden von E-Mails, Online-Bewerbungsformulare oder zumindest das

---

[190] Vgl. Giesen, 2001, S. 141.
[191] Vgl. Jüde/Köhler, 2000, S. 153.
[192] Vgl. Eckstein/Klugmann/Schmeisser, 2002, S. 87.
[193] Vgl. Jüde/Köhler, 2000, S. 152f.
[194] Vgl. Giesen, 2001, S. 141.
[195] Vgl. Eckstein/Klugmann/Schmeisser, 2002, S. 88.

3. E-Recruiting

Angeben von Kontaktdaten nicht zu vergessen. Wie schon oben erwähnt[196], muss dabei eine gewisse Individualität und zielgruppengerechte Ausrichtung berücksichtigt werden. Elektronische Eingangsbestätigungen können dem Bewerber zugleich die Unsicherheit über den Eingang seiner Unterlagen nehmen.[197] Zusätzliche Interaktionsmöglichkeiten wie dem Zusenden von Newslettern oder Unternehmensinformationen nach Eingang einer Bewerbung können den Bewerber an das Unternehmen binden und ihm die Informationen liefern, die er beispielsweise auch bei zukünftigen Vorstellungsgesprächen benötigt.[198]

Ressource ‚Zeit' für den Nutzer

Obwohl der Kostenfaktor ‚Geld' im Bezug auf den Aufbau einer Seite für den Benutzer aufgrund von Breitbandverbindungen ohne Datenbeschränkungen immer geringer wird [nach Meinung des Verfassers, d.Verf.], ist der Faktor ‚Zeit' nach wie vor zu beachten. Eine mit Grafiken und Animationen überladene Human Resources Seite kann den Seitenaufbau deutlich verlängern, die Geduld des potentiellen Bewerbers auf eine harte Probe stellen und ihn möglicherweise davon abhalten, sich weiter auf der Seite umzusehen.[199]

Aktualität

Die mangelnde Aktualität ist bei einer Vielzahl von Arbeitgeber-Stellenportalen ein Problem. Nicht mehr offene Stellen werden trotzdem weiterhin auf der Internetseite angeführt.[200] Verweise auf bereits stattgefundene Messeauftritte und Events werfen ein ebenso schlechtes Bild auf das Unternehmen wie veraltete Unternehmensdaten und Informationen. Eine intensive und kontinuierliche Pflege der Human Resources Seite zeigt von einer hohen Wertschätzung des Unternehmens gegenüber potentiellen Mitarbeitern und interessierten Besuchern.[201]

Externe Partner sorgfältig wählen

Das Heranziehen von Experten beim Planen und beim Aufbau des Personal-Internetauftrittes eines Unternehmens ist unerlässlich. Geschieht dies durch externe Partner, müssen diese das benötigte

---

[196] Siehe Kapitel 3.4.3: Datenbankgestützte Bewerbungsformulare.
[197] Vgl. Eckstein/Klugmann/Schmeisser, 2002, S. 88.
[198] Vgl. Jüde/Köhler, 2000, S. 153f.
[199] Vgl. Eckstein/Klugmann/Schmeisser, 2002, S. 89.
[200] Vgl. Lohberg, 2006, S. 106.
[201] Vgl. Eckstein/Klugmann/Schmeisser, 2002, S. 89.

3. E-Recruiting

Wissen im Bereich Werbung und Design besitzen und die internen Strukturen des Personalbereichs verstehen.[202]

Kontinuierliche Verbesserung

Die Internetpräsenz muss ständig evaluiert, überarbeitet und auf geänderte Kundenbedürfnisse hinsichtlich Inhalt und Technik angepasst werden. Eine eigene Unternehmenshomepage im Personalbereich darf nicht als abgeschlossenes Projekt angesehen werden, sondern muss sich immer einer kontinuierlichen Verbesserung unterziehen. Die Häufigkeit von Besuchen auf der Webseite und Statistiken über das Aufrufen gewisser Unterpunkte kann dem Unternehmen dabei Erkenntnisse liefern, welche Bereiche Interesse wecken und welche nicht notwendig sind.[203]

Technik und Sicherheit

Das Abfragen der Bewerberdaten über gesicherte Leitungen und die Information über die weitere Handhabung persönlicher Daten sind wichtige Punkte hinsichtlich Technik und Sicherheit, die einem Bewerber ein positives Gefühl bei und nach dem Absenden seiner Unterlagen geben und eine Seriosität des Unternehmens vermitteln.[204]

Zusatznutzen für den Nutzer

Im Bereich des Zusatznutzens fließen neben herkömmlichen Mitteln wie FAQs, Veranstaltungskalender oder das Abonnieren von Newslettern[205] auch so genannte ‚Recruitainment-Angebote (Verbindung aus E-Recruiting und Infotainment[206]) ein. Dabei werden Online-Spiele als Rekrutierungsinstrument eingesetzt. Die Teilnehmer werden in diesen Spielen vor gewisse Herausforderungen gestellt und zum Lösen von kniffligen Aufgaben angehalten. Im Hintergrund basieren diese Spiele auf Fragebögen und Leistungstests, die auf gewünschte Kernkompetenzen eines Unternehmens ausgerichtet sind. Bei solchen Spielen können dann die Teilnehmer ausgewertet und bei Bedarf zu ihnen von Seiten des Unternehmens Kontakt aufgenommen werden.[207] Da diese Onlinespiele eine innovative und zeitaufwändige Möglichkeit darstellt, fühlen sich auch nur innovative und meistens nur interessierte Kandidaten von solchen Spielen

---

[202] Vgl. Eckstein/Klugmann/Schmeisser, 2002, S. 89.
[203] Vgl. Eckstein/Klugmann/Schmeisser, 2002, S. 89.
[204] Vgl. Giesen, 2001, S. 140.
[205] Vgl. Giesen, 2001, S. 141f.
[206] Vgl. Gersdorf/Voigt, 2004, S. 10.
[207] Vgl. Rieck, 2002, S. 131f.

3. E-Recruiting

angesprochen.[208] Ein Beispiel für ein solches ‚Recruitainment-Angebot' war ein interaktives Bewerberspiel der Siemens AG namens ‚Challenge Unlimited', das zur virtuellen Bewerberauswahl im Jahr 2000 eingesetzt wurde und den Kontakt mit fast 13.000 Bewerbern ermöglichte, darunter auch solche, die ohne die spielerischen Elemente vielleicht nicht auf Siemens aufmerksam geworden wären.[209] Auch Tchibo bietet seit Anfang 2008 einen interaktiven Unternehmensvideorundgang mit Namen ‚Viron'[210] auf der Homepage an, mit dem Ziel, Bewerber zu informieren, zu interessieren und damit besser vorzuselektieren.[211]

3.5.4. Sonderformen

Auch wenn die bedeutendsten Formen der Personalbeschaffung über das Internet mit nichtkommerziellen und kommerziellen Jobbörsen sowie mit unternehmenseigenen Webseiten bereits genannt wurden, gibt es noch weitere Möglichkeiten, potentielle Bewerber auf das Unternehmen aufmerksam zu machen und sie, wenn auch manchmal auf indirektem Weg und als unterstützendes Medium zu oben genannten Instrumenten, für freie Stellen in diesem zu interessieren.

---

[208] Vgl. Gersdorf/Voigt, 2004, S. 11.
[209] Vgl. Giesen, 2002, S. 81.
[210] Vgl. Tchibo, URL: http://tchibo.cyquest.de [11.01.2010].
[211] Vgl. Internet World Business, URL: http://www.internetworld.de/Artikel.120.0.html?viewfolder=080218&viewfile=04_36_01_karriere [05.05.2008].

Folgende Sonderformen sind für ein Unternehmen bei E-Recruiting zu unterscheiden:

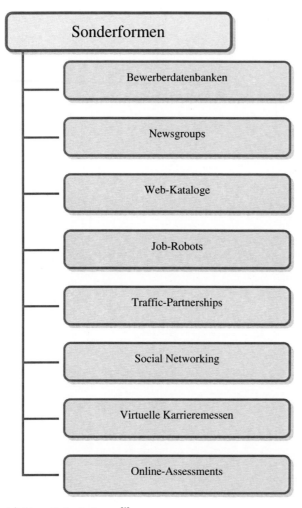

Abbildung 30: Sonderformen[212]

---

[212] Vgl. Lohberg, 2006, S. 114.

3. E-Recruiting

3.5.4.1. Bewerberdatenbanken

Auch wenn Jobbörsen oder das Ausschreiben auf der eigenen Homepage nicht den gewünschten Erfolg für das Unternehmen bringt, kann dieses sich trotzdem die riesigen Bewerberdatenbanken inklusive dem Know-how und den weltweiten Verbindungen von Online-Stellenportalen zur Hilfe nehmen. Die Unternehmen werden also, anstatt Anzeigen zu schalten und auf eine Bewerbung zu warten, selbst aktiv und durchsuchen die Datenbanken nach passenden Kandidaten.[213] Als beste Anlaufstelle für eine eigene Suche stellen sich vor allem die quantitativ größten Jobbörsen dar, aber auch branchenspezifische oder regionale Stellenportale sollten bei solch einer Suche nicht außer Acht gelassen werden.[214]

3.5.4.2. Newsgroups

Newsgroups (auch Usenet genannt) sind Diskussionsforen und nehmen vom Aufbau her die Gestalt von virtuellen Pinnwänden ein. Internetuser können auf solchen kostenlos Nachrichten verfassen. Sehr oft sind diese Newsgroups themenbezogen und machen auch vor dem Arbeitsmarkt nicht halt.[215] http://www.newsgate.at/at/at.anzeigen.arbeitsmarkt ist ein Beispiel für eine österreichische auf Stellengesuche und –anzeigen gerichtete Newsgroup.[216] Die Suchmaschine Google bietet eine eigene Suchfunktion für Groups an, um schnell auf die betreffenden Diskussionsplattformen zu den angefragten Themen zu kommen.[217]

---

[213] Vgl. Eckl/Finke, 2002, S. 150f.
[214] Vgl. Lohberg, 2006, S. 114.
[215] Vgl. Hepp, 1996, S. 59.
[216] Vgl. Gutmann, 2002, S. 215.
[217] Vgl. Google.at, URL: http://groups.google.at [11.01.2010].

3.5.4.3. Web-Kataloge

Web-Kataloge wie austrianweb.at[218] oder webkatalog-eintragservice.at[219] können vor allem für kleine Unternehmen bei der Bekanntmachung ihrer unternehmenseigenen Personalwebseiten eine große Hilfe sein. Dabei handelt es sich im Prinzip um die elektronische Form von Bibliotheken, Stichwortverzeichnissen oder auch Branchenbüchern. Nach Eingabe eines gewissen Themas beziehungsweise Suchwortes liefert ein Web-Katalog die entsprechenden Seiten, auf denen dieses Thema oder dieses Wort vorkommt. Diese Kataloge werden von Redaktionen betreut und sind deshalb nicht so umfassend wie Suchmaschinen wie Google, jedoch in ihrer Qualität oft hochwertiger.[220]

3.5.4.4. Job-Robots

Job-Robots sind Suchmaschinen, die in diesem Fall Jobbörsen durchsuchen und die Ergebnisse durch Linkverweise dem Verwender auflisten. So ist es möglich, Stellenangebote nach gewissen Kriterien zu durchsuchen.[221] www.jobsafari.at oder auch als größter deutschsprachiger, jedoch hauptsächlich auf Deutschland bezogener Job-Robot www.jobrobot.at (leitet um auf www.jobrobot.de) mit 240.000 Jobs aus über 70 Jobbörsen[222] sind Beispiele dafür. Jobrobot.at bietet dabei kostenpflichtig die Möglichkeit an, offene Stellen zu schalten. Diese werden dann auf der Homepage, der Suchdatenbank und als Eintrag in der Jobdatenbank gleichzeitig veröffentlicht.[223]

---

[218] Vgl. Austrianweb.at, URL: http://www.austrianweb.at/webkataloge-eintragen.htm [15.04.2008].
[219] Vgl. Webkatalog-Eintragservice.at, URL: http://www.webkatalog-eintragsservice.at [15.04.2008].
[220] Vgl. Lohberg, 2006, S. 115.
[221] Vgl. Lohberg, 2006, S. 115.
[222] Vgl. Jobrobot.at, URL: http://www.jobrobot.at [03.04.2008].
[223] Vgl. Jobrobot.de, URL: http://www.jobrobot.de/content_2100_topjob_veroeffentlichen.htm?PHPSESSID=7947b8174c79361a14453d124d6b9fce [15.04.2008].

3. E-Recruiting

Abbildung 31: Job-Robot Jobrobot.at[224]

3.5.4.5. Traffic-Partnerships

Bei Traffic-Partnerships gehen Jobbörsen Partnerschaften mit anderen Web-Portalen ein. Unternehmen sollten sich bei der Wahl ihrer Online-Stellenportale vorher erkundigen, welche Kooperationen diese mit anderen Seiten eingegangen ist. Oft passiert dies, damit Jobbörsen ihren eigenen Stellenbestand verbessern, indem beispielsweise eine Jobbörse mit einem Fachmagazin eine Zusammenarbeit eingeht und auch die Angebote der Fachmagazine in sein eigenes Repertoire mit aufnimmt.[225] Auch Kooperationen zwischen Jobbörsen sind nichts Ungewöhnliches. So haben beispielsweise karriere.at und das Jobscout24-Netzwerk eine Partnerschaft beschlossen, um deren Reichweite zu erhöhen und Stellenanzeigen über die Ländergrenzen hinaus zu gestalten.[226]

---

[224] Vgl. Jobrobot.at, URL: http://www.jobrobot.at [03.04.2008].
[225] Vgl. Lohberg, 2006, S. 116.
[226] Vgl. karriere.at, URL: http://www.karriere.at/home/presse.php?do=detail&id=2287 [03.04.2008].

3.5.4.6. Social Networking

Virtuelle Communities sind nicht mehr nur als Diskussionsplattform für Teenager und Studenten interessant, sondern haben auch die Personalsuche erobert. Der Begriff ‚Social Networking' ist in aller Munde.

Seiten wie LinkedIn[227], der weltweite Marktführer, oder das im europäischen Raum bekannteste und erfolgreichste soziale Netzwerk Xing[228], das allein im Jahr 2007 um 500.000 Mitglieder pro Quartal gewachsen ist und im Moment über fünf Millionen registrierte Benutzer hat, werden von Unternehmen inzwischen als riesige Mitarbeiterrekrutierungsbörsen genutzt.

Bei Xing können, dem Profil des Benutzers entsprechend, diesem regelmäßig Jobangebote von anderen Xing-Partnern unterbreitet werden. Neben den Profilen sind auch einschlägige, themenbezogene Diskussionsforen[229] Teil der Personalsuche bei Plattformen wie Xing.

Patrick Baldia[230] meint dazu, dass

„Virtuelle Business-Clubs boomen. Millionen von Menschen auf der ganzen Welt nutzen Plattformen zum Branchentalk oder um Geschäfte an Land zu ziehen. Für Headhunter und Personalmanager stellen Communities eine beliebte und äußerst ergiebige Fundgrube dar."

Trotzdem ist der Zeitaufwand für die Teilnahme an Sozial Networks und deren Foren, um wirklich Erfolge bei der Personalsuche zu verzeichnen und um das Image des eigenen Unternehmens darin zu pflegen, nicht zu unterschätzen. Aus diesem Grund werden oft so genannte ‚Ghostwriter' beschäftigt, die sich im Namen des Unternehmens um relevante Themen und Personen kümmern.[231]

---

[227] Vgl. LinkedIn.com, URL: http://www.linkedin.com [10.01.2010].
[228] Vgl. Xing.com, URL: http://www.xing.com [10.01.2010].
[229] Siehe Kapitel 3.5.4.2: Newsgroups.
[230] Baldia, 2008, S. 28.
[231] Vgl. Baldia, 2008, S. 29ff.

3. E-Recruiting

3.5.4.7. Virtuelle Karrieremesse

Online-Karrieremessen sind ein weiteres Instrument, Mitarbeiter auf der einen Seite oder Jobs auf der anderen Seite zu finden. Jenseits von Anreisekosten, Anmeldeformalitäten oder Dresscodes sind auf solchen virtuellen Messen zahlreiche Möglichkeiten wie auf handelsüblichen Messen zu finden.[232]

Unternehmen, die an solchen Messen teilnehmen, werden mit Onlineportraits dargestellt, haben ihren eigenen virtuellen Bereich und können bei Bedarf kontaktiert werden. Chats stehen den Interessenten auf der Messe zum Erfahrungsaustausch zur Verfügung.[233] Für Arbeitssuchende besteht bei Beginn der Messe die Möglichkeit, in zwei- oder dreidimensionaler Ansicht durch das virtuelle Messegelände, auf dem sich die Aussteller in verschiedenen Hallen anbieten, zu gehen und sich bei den potentiellen Arbeit gebenden Unternehmen zu melden. Hilfe beim Erstellen von digitale Bewerbungsmappen und Tipps zur Kontaktaufnahme wie der Informationssammlung, das Vorbereiten eines Fragenkataloges und das frühzeitige Testen der Zugangssoftware werden von den Betreibern der Messe zur Verfügung gestellt.

---

[232] Vgl. jobfair24.at, URL: http://www.jobfair24.at mit Klick auf ‚Gast Login' – Jobfair24 Info Stand' – ‚Die Idee' [04.04.2008].
[233] Vgl. Gutmann, 2002, S. 215.

3. E-Recruiting

Ein Beispiel für eine virtuelle Karrieremesse ist www.jobfair24.at, die sich vor allem an junge Akademiker beziehungsweise Berufseinsteiger richtet.[234]

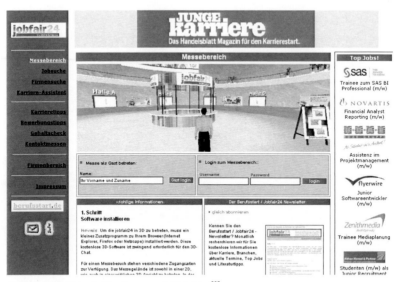

Abbildung 32: Virtuelle Karrieremesse jobfair24.at[235]

3.5.4.8. Online-Assessments

Das Internet bietet die Möglichkeit zu psychologischen Onlinetests, um qualitativ bessere Bewerber an Land zu ziehen. Gerade im ‚war of talents' (Kampf um Fach- und Führungskräfte, High-Potentials) ist dies für Unternehmen ein angenehmer Weg, um die für die freie Stelle besten Kandidaten rauszufiltern. Auch Bewerber können sich dadurch schon im Vorfeld profilieren und zeigen, welche individuellen Stärken sie abseits einer Onlinebewerbung durch ein oft standardisiertes Bewerbungsformular haben. Die schon in Kapitel 3.5.3. ‚Stellenangebote auf der unternehmenseigenen Webseite / Zusatznutzen für den Nutzer' erwähnten ‚Recruitainment-Angebote' sind eine interessante Möglichkeit, Online-Assessments zu gestalten.[236]

---

[234] Vgl. jobfair24.at, URL: http://www.jobfair24.at mit Klick auf ‚Gast Login' – Jobfair24 Info Stand' – ‚Die Idee' [04.04.2008].
[235] Vgl. jobfair24.at, URL: http://www.jobfair24.at mit Klick auf ‚Messebereich' [04.04.2008].
[236] Vgl. Dick, 2002b, S. 117ff.

3.6. Vorteile des E-Recruitings

„Sonntag, ein Uhr nachts. Sie kommen nach Hause. Ihr Abend war langweilig, und deshalb schalten Sie noch einmal kurz den Computer ein. Sie werden nachdenklich, denn ab Montag sind Sie wieder auf Jobsuche. Schnell werden Sie fündig: Ein großer Konzern sucht Absolventen mit IT-Erfahrung. (...) Sofort füllen Sie ein Onlineformular auf der Website (...) aus. (...) Und tatsächlich: Bereits wenige Augenblicke nach dem Abschicken des Formulars wartet ein E-Mail, (...). Sie haben Ihren Traumjob!"[237]

Die Erläuterung der Instrumente haben schon einige der Vorteile gezeigt, die mit E-Recruiting in Verbindung stehen. Dieses Kapitel fasst diese Vorteile noch einmal zusammen:

- Bewerber- und Jobsuche rund um die Uhr
- Kosten- und Zeitersparnis
- Geographische Grenzen einfach zu überwinden
- Imageförderung
- Bessere Zielgruppenausrichtung

Bewerber- und Jobsuche rund um die Uhr

Wie oben stehendes (vereinfachtes) Beispiel als Einleitung schon zeigt, ist vor allem die zeitliche Flexibilität ein bedeutender Vorteil des E-Recruitings. Gegensätzlich zur Verfügbarkeit von Tageszeitungen sind Online-Stellenangebote nicht an Zeitpunkte gebunden sondern können 24 Stunden am Tag und 7 Tage in der Woche abgerufen werden, bis sie vom Anbieter wieder entfernt werden. Anzeigen in Printmedien sind stattdessen beispielsweise vor allem in Samstagausgaben verfügbar.[238]

Kosten- und Zeitersparnis

Je mehr Teile des Bewerbungsprozesses über das Internet abgewickelt werden, umso kosteneffizienter und zeitsparender kann das Suchen von Personal vonstatten gehen.[239] Dies liegt an vielen Faktoren. Die Anzeigenproduktion und -schaltung sind schneller und einfacher und durch geringere Materialkosten günstiger realisierbar. Die Wege und die Kommunikation zwischen dem

---

[237] Hönigsberger-Rupp/Rupp, 2001, S. 2.
[238] Vgl. Lohberg, 2006, S. 88.
[239] Siehe Kapitel 3.4: Der E-Recruiting-Prozess.

3. E-Recruiting

Unternehmen und dem Bewerber weisen deutlich geringere Kosten als bei Printmedien auf.[240] Allein die bei der Einstellung anfallenden Kosten lassen sich durch Online-Rekrutierung um 50 Prozent minimieren.[241]

Zeitersparnis ergibt sich vor allem durch die schnelle Anzeigenschaltung im Internet und die sofortige Verfügbarkeit und Einsehbarkeit für potentielle Bewerber. Diese können damit sofort durch E-Mails oder Online-Formulare ihr Interesse an einer Stellenausschreibung zeigen. Fern von Postwegen erreicht die Bewerbung unmittelbar in digitaler Form das Unternehmen und kann weiterverarbeitet, schnell und unkompliziert an die richtigen Stellen weitergeleitet und der Eingang dem Bewerber gemeldet werden.[242] Dadurch wird die Dauer des Bearbeitungsprozesses deutlich verkürzt und durch die Vermeidung von Medienbrüchen optimiert.[243] Änderungen in Anforderungsprofilen oder in freien Stellen können in kürzester Zeit umgesetzt werden, was wiederum einen positiven Eindruck aufgrund der Aktualität der ausgeschriebenen Jobs hinterlässt.[244]

Wie aber schon im Kapitel 3.4. ‚Der E-Recruiting Prozess' erwähnt, sieht aber auch Jan Klose im Bereich des E-Recruitings die *„Kosteneinsparpotentiale bisher unvollständig realisiert"*[245].

Als Beispiel nennt er, dass trotz der Vereinfachung der Kommunikation die Zeitspanne zwischen dem Bewerbungseingang beim Unternehmen und dem Senden einer Empfangsbestätigung an den Absender immer noch in 22 Prozent der Fälle länger als eine Woche dauert und 47 Prozent der Unternehmen dem Interessenten überhaupt keine solche senden. Auch die fehlende oder minimale elektronische Integration der Personalsuchprozesse und eine geringe strukturierte Bewerbererfassung in Datenbanken verhindern oft die Ausnützung der Vorteile des E-Recruitings im Unternehmen.[246] E-Mail-Bewerbungen in Unternehmen werden oftmals nach wie vor ausgedruckt anstatt die Möglichkeiten der elektronischen Weiterverarbeitung zu nutzen.[247]

---

[240] Vgl. Eckl/Finke, 2002, S. 137f.
[241] Vgl. Lohberg, 2006, S. 89.
[242] Vgl. Eckl/Finke, 2002, S. 139ff.
[243] Vgl. Eckstein/Klugmann/Schmeisser, 2002, S. 93.
[244] Vgl. Lohberg, 2006, S. 89.
[245] Klose, 2003, S. 39.
[246] Vgl. Klose, 2003, S. 42.
[247] Vgl. Triadis, 2001, S. 620.

3. E-Recruiting

Geographische Grenzen einfach zu überwinden
Gerade für internationale Unternehmen, aber auch für die Jobsuche von geeigneten Kandidaten im Ausland von kleineren Unternehmen, bietet sich das E-Recruiting an. Die Stellenangebote unterliegen keiner regionalen oder landesweiten Beschränkung, sondern es können weltweit Jobsuchende angesprochen werden.[248]

Des Weiteren ist das Internet zeitlich unabhängig. Die Stellenanzeigen können zur selben Zeit im In- und Ausland veröffentlicht werden und Bewerbungen aus dem Ausland sind keiner Verzögerung aufgrund längerer Postwege unterworfen.[249]

Imageförderung
Ein Auftreten im Internet zeigt von einem nach dem Stand der Technik orientierten und zeitgemäß ausgerichteten Unternehmen und kann positiv zur Imageförderung und -stabilisierung beitragen.[250]

Im Internet sind Unternehmen bei der Gestaltung ihrer Anzeigen auch nicht solch engen Platzbeschränkungen unterworfen wie bei Printmedien und können deshalb optisch ansprechende Stellenausschreibungen veröffentlichen, die zusätzlich keinen Risiken von Farbverfälschungen beim Druck oder von der Papierwahl unterworfen sind.[251] So können auch kleine Unternehmen sich kostengünstig den Interessenten präsentieren.

Dem Bewerber selbst ermöglichen Online-Stellenausschreibungen eine wesentlich gezieltere Suche ohne langes Blättern wie in einer Zeitschrift, sofortige zusätzliche Informationen über das Unternehmen und die Möglichkeit, direkt bei diesem nachzufragen. All dies wirkt sich zusätzlich positiv auf den potentiellen Arbeitgeber aus.[252]

---

[248] Vgl. Lohberg, 2006, S. 89.
[249] Vgl. Eckl/Finke, 2002, S. 144.
[250] Vgl. Eckstein/Klugmann/Schmeisser, 2002, S. 93.
[251] Vgl. Eckl/Finke, 2002, S. 138.
[252] Vgl. Eckl/Finke, 2002, S. 142.

3. E-Recruiting

Bessere Zielgruppenausrichtung

Die immer höhere Qualität der Instrumente des E-Recruitings durch Suchfunktionen, Einteilungen nach Regionen und Berufsgruppen oder auch dem Abgleich der Anforderungen einer Stelle mit den Profilen der Bewerber (‚Matching') ermöglicht eine wesentlich detailliertere Suche nach den passenden Mitarbeitern.[253] Der Streuverlust der Printmedien kann auf ein Minimum reduziert werden. Branchen- und berufsspezifische Jobbörsen helfen zusätzlich, die passende Bewerberqualität zu sichern. Aus diesem Grund ist das Internet für Unternehmen ein bevorzugtes Medium.[254]

---

[253] Vgl. Eckl/Finke, 2002, S. 144.
[254] Vgl. Lohberg, 2006, S. 89f.

3.7. Nachteile des E-Recruitings

Trotz vieler positiver Aspekte hat der Einsatz von E-Recruiting neben der schon erwähnten oft unüberschaubaren Masse an Jobbörsen u. a. auch nachteilige Wirkungen.

- Datenschutz
- Qualität der Bewerbungen
- Quantität der Bewerbungen
- Verlust des persönlichen Kontakts
- Aussondierung geeigneter Arbeitskräfte
- Imageschädigung mangels Aktualität
- Abschreckung potentieller Arbeitskräfte

Datenschutz

Datenschutz bleibt nach wie vor ein wichtiges Thema im Internet. Auch bei Onlinebewerbungen ist die Bekanntgabe von persönlichen Daten mit einer bestimmten Vorsicht zu genießen. Es ist von essentieller Bedeutung, dem Bewerber die Sicherheit zu geben, dass mit seinen Daten vertraulich umgegangen wird und diese nicht an Unbefugte weitergegeben werden. Des Weiteren stellen Computerviren, Trojaner und Hackerprogramme eine Gefahrenquelle beim Thema Datenschutz dar.[255]

Qualität der Bewerbungen

Das manche Unternehmen immer noch zusätzlich zur Onlinebewerbung Bewerbungsunterlagen in Papierform wünschen, liegt daran, dass die Qualität von Bewerbungen oftmals zu wünschen übrig lässt. Bewerbungen per E-Mail oder durch Onlineformulare werden unter Umständen nicht so überlegt strukturiert und informativ vorbereitet wie ihr Offline Gegenstück. Auch fehlen manchmal wichtige Elemente einer Bewerbung. Aus diesem Grund ist es wichtig, darauf zu achten, dass von Seiten des Unternehmens auch bei Onlinebewerbungen exakt definiert ist, welche Unterlagen benötigt werden und Bewerbungsformulare entsprechend gestaltet werden. Auch die schon angesprochene Individualität dieser Formulare ist für eine höhere Qualität ein bedeutender Aspekt. Ansonsten besteht die Gefahr, dass Online-Bewerbungen aufgrund der Notwendigkeit von

---

[255] Vgl. Felder/Ritter, 2001, S. 370.

3. E-Recruiting

Nachfragungen beim Bewerber dem Unternehmen und dessen Personalabteilung mehr Aufwand bereitet als übliche Papierbewerbungen.[256]

Quantität der Bewerbungen

Aber nicht nur die Qualität der Bewerbungen, sondern auch die Quantität ist ein Nachteil des E-Recruitings. Die Einfachheit einer Onlinebewerbung durch das schnelle Ausfüllen eines Formulars bewegt auch eigentlich kaum an diesem Job interessierte oder unqualifizierte Arbeitssuchende, sich zu bewerben. Werden von Unternehmen E-Mail-Bewerbungen ermöglicht, können durch Sammelaussendungen viele und auch weniger zum Bewerberprofil passende Unternehmen gleichzeitig angeschrieben werden. Auch dies zeigt, wie wichtig es von Seiten des Unternehmens ist, das Anforderungsprofil einer freien Arbeitsstelle klar und deutlich zu formulieren.[257]

Folgende weitere Nachteile bringt [nach Ansicht des Verfassers, d.Verf.] das Online Recruiting mit sich:

Verlust des persönlichen Kontakts

Eine weitere Gefahr ist der Verlust des persönlichen Kontakts bei einer zu hohen Automatisierung oder einer Auslagerung der Personalsuchprozesse an Dritte.

Aussondierung geeigneter Arbeitskräfte

Des Weiteren können ‚Matching'-Prozesse aufgrund ihrer Vorgaben hinsichtlich der Anforderungsprofile auch potentielle Arbeitskräfte aussondern, die durch ihre Erfahrung oder durch andere Qualifikationen durchaus für die freie Stelle in Frage gekommen wären.

Imageschädigung mangels Aktualität

Zusätzlich wirft mangelnde Aktualität nicht nur ein schlechtes Bild auf das Unternehmen, sondern birgt auch für den Bewerber die Gefahr (und infolge dessen Verärgerung), sich für eine Stelle zu bewerben, die schon vergeben ist.

---

[256] Vgl. Lohberg, 2006, S. 91.
[257] Vgl. Lohberg, 2006, S. 91.

3. E-Recruiting

Abschreckung potentieller Arbeitskräfte

Als weiterer Nachteil ist zu erwähnen, dass sich gerade Führungskräfte davon abschrecken lassen, ihre Profile im Internet bekannt zu geben, weil sie einerseits aufgrund ihrer Qualifikation und aktuellen Position angeworben werden wollen und andererseits negative Reaktionen bei der Entdeckung von Bewerbungen bei anderen Unternehmen von ihren Kollegen und Vorgesetzten zu erwarten haben, was sich wiederum negativ auf ihre Karriere im Unternehmen auswirken könnte.[258]

---

[258] Vgl. Lohberg, 2006, S. 91f.

3.8. Zukunft des E-Recruitings

„Unternehmen befinden sich im ‚War of Talents', der geprägt ist durch die Konkurrenz um Bewerber mit vielfach ähnlichen Qualifikationsprofilen (...)"[259]

Eine exakte Prognose darüber, wie sich die Personalgewinnung in den nächsten Jahren weiter entwickeln wird, kann nicht getroffen werden. Eine Tendenz zu einem Mix der verschiedenen Rekrutierungsinstrumente ist deutlich zu erkennen. Welches Instrument dabei eingesetzt wird, wird vor allem von der ausgeschriebenen Stelle, von den Anforderungen an diese, von der Zeit der Mitarbeitersuche und ob die potentiellen Arbeitskräfte regional gesucht werden sollen, abhängig sein.[260] Trotzdem wird das E-Recruiting sich weiter ausweiten und das Internet und die IT-Unterstützung aus dem Rekrutierungsprozess nicht mehr wegzudenken sein.[261]

„Auch wenn der traditionelle Weg über die Stellenanzeige in der Zeitung oder die persönliche Empfehlung weiterhin als Rekrutierungsoption genutzt wird: Die Zukunft der Personalrekrutierung liegt im Internet."[262]

Die steigende Nachfrage am Arbeitsmarkt nach High-Potentials und sonstigen hochqualifizierten Mitarbeitern bringt eine harte Konkurrenz der Unternehmen untereinander mit sich.[263]

Wie Abbildung 33 anhand des erwarteten Personalbedarfs und des erwarteten Arbeitskräfteangebots zeigt, wird in naher Zukunft aufgrund einer Befragung der Top-1000 Unternehmen in Österreich[264] vor allem ein Mangel an Professionals (Berufserfahrung 4 Jahre oder länger) und Facharbeitern vorhergesagt.

---

[259] Giesen, 2001, S. 140.
[260] Vgl. Lohberg, 2006, S. 135.
[261] Vgl. Wiener, 2003, S. 24.
[262] Eckl/Finke, 2002, S. 158.
[263] Vgl. Bruns/Frölich-Krummenauer, 2000, S. 542.
[264] Durchgeführt vom Centre of Human Resources Information Systems der Johann Wolfgang Goethe University in Frankfurt/Main und der Otto-Friedrich-Universität Bamberg.

3. E-Recruiting

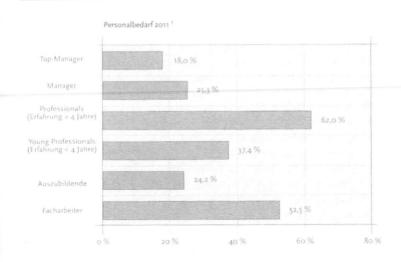

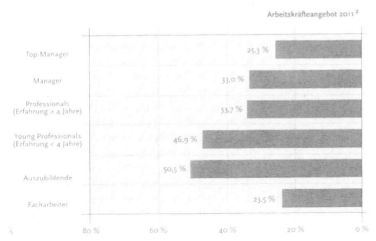

Abbildung 33: Knappheit an qualifizierten Arbeitskräften in 2011[265]

Wie schon in den Vorteilen des E-Recruitings angesprochen, eignet sich vor allem das Internet für eine zielgruppenspezifische Ansprache und der Reduktion des Streuverlustes. Dabei darf diese Möglichkeit der Anwerbung aufgrund der prognostizierten Knappheit nicht außer Acht gelassen werden.

---

[265] Abbildung entnommen aus: Eckhardt/König/von Stetten/Weitzel, 2007, S. 14.

3. E-Recruiting

Die Bedeutung des Mediums Internet wird bei der Mitarbeitersuche wichtiger. 70 Prozent der befragten Unternehmen schreiben ihre freien Stellen auf der unternehmenseigenen Homepage aus und fast 45 Prozent nehmen die Hilfe von Jobbörsen in Anspruch.

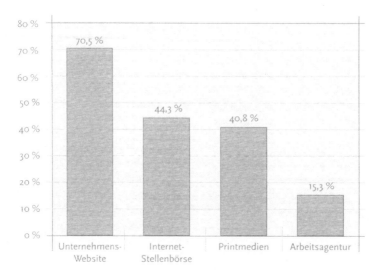

Abbildung 34: Genutzte Instrumente bei der Mitarbeitersuche[266]

Die elektronischen Möglichkeiten sind nicht nur bei der Beliebtheit der Unternehmen gegenüber anderen Medien im Vorteil, sondern generieren auch nach Aussage der Recruiting-Trends 2007 in Österreich die meisten Einstellungen, wie Abbildung 35 verdeutlicht.

---

[266] Abbildung entnommen aus: Eckhardt/König/von Stetten/Weitzel, 2007, S. 18.

3. E-Recruiting

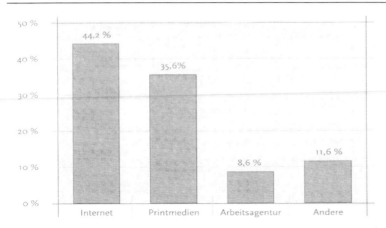

Abbildung 35: Anteile der über die verschiedenen Kanäle generierten Einstellungen[267]

Auch wenn Bewerbungen auf dem Postweg nicht verschwinden werden, rechnen die österreichischen Unternehmen mit einem deutlichen Rückgang dieser klassischen Form und eine deutliche Steigerung von E-Mail- und Onlineformularbewerbungen. Der Trend ist eindeutig: Onlinebewerbungen werden bis 2011 wesentlich die Nase vorn haben.

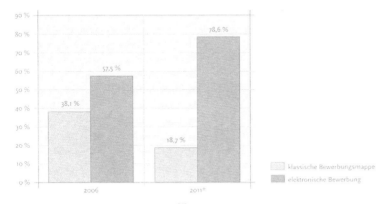

Abbildung 36: Eingang von Bewerbungen[268]

Abbildung 37 zeigt auch sehr deutlich, dass der vollständige Online-Rekrutierungsprozess im Moment noch nicht umgesetzt wurde. Anstatt mit Hilfe von Formularbewerbungen die Daten direkt

---

[267] Abbildung entnommen aus: Eckhardt/König/von Stetten/Weitzel, 2007, S. 19.
[268] Abbildung entnommen aus: Eckhardt/König/von Stetten/Weitzel, 2007, S. 25.

3. E-Recruiting

in Datenbanken einfließen zu lassen, setzen die Unternehmen Österreichs immer noch zu mehr als drei Viertel auf E-Mail Bewerbungen. Dies wird sich aber laut einer Prognose bis 2011 bessern, die Formularbewerbungen finden in drei Jahren deutlich mehr Anerkennung als es noch im Moment der Fall ist.

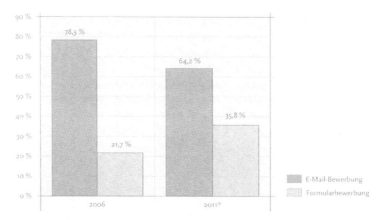

Abbildung 37: Elektronische Bewerbungen 2006 und 2011[269]

Laut einer Studie von StepStone.at im Rahmen der Recruiting-Trends 2008 wird auch Employer Branding, das heißt die Stärkung der Arbeitgebermarke im Konkurrenzkampf um die qualifizierten Arbeitnehmer, immer wichtiger. Dabei kann E-Recruiting, wie schon erwähnt, ein hilfreiches Mittel sein. Ein Beispiel dafür wären Videos von ein paar Minuten Länge, die den Interessenten beigelegt zu Online-Stellenausschreibungen die Ziele und die Kultur des Unternehmens näher bringen.[270]

International betrachtet wird die Suche nach neuen Arbeitskräften ebenfalls bedeutsamer. Das E-Recruiting wird mit seinen Möglichkeiten der einfachen, lokal unabhängigen Jobsuche ein wichtiges Instrument dabei darstellen.[271] Dieser Ansicht sind auch die Top-1000 Unternehmen in Österreich. Die Bedeutung des internationalen Recruitings wird um knapp ein Drittel bis 2011 anwachsen.

---

[269] Abbildung entnommen aus: Eckhardt/König/von Stetten/Weitzel, 2007, S. 26.
[270] Vgl. Wirtschaftskammern Österreichs, 20.12.2007, URL:
http://portal.wko.at/wk/sn_detail.wk?AngID=1&DocID=777612&StID=368724 [06.04.2008].
[271] Vgl. Wirtschaftskammern Österreichs, 20.12.2007, URL:
http://portal.wko.at/wk/sn_detail.wk?AngID=1&DocID=777612&StID=368724 [06.04.2008].

3. E-Recruiting

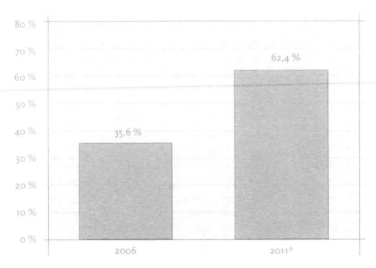

Abbildung 38: Bedeutung des internationalen Recruitings für Österreich[272]

Unter Berücksichtigung all dieser Entwicklungen wird es für die Personalverantwortlichen der Unternehmen vor allem wichtig, die Vorteile des E-Recruitings hinsichtlich Automatisierung und Vereinfachung der Prozesse der Personalbeschaffung zu nützen, um sich auf die Personalauswahl als Kernaufgabe konzentrieren zu können. Die Kosten- und Zeitvorteile bieten überzeugende Argumente zur Zuhilfenahme der E-Recruiting Methoden.[273]

Wie in Kapitel 3.3.1. ‚Internet in Österreich' erläutert, unterstützt die steigende Anzahl von Internetuser und die Verwendung von besseren Internetverbindungen in Österreich diese Prozesse für die Unternehmen, die auch im Bereich der Unternehmenspräsentation vermehrt auf eigene Webseiten setzen und damit Stellengesuche auf der eigenen Seite ermöglichen.

---

[272] Abbildung entnommen aus: Eckhardt/König/von Stetten/Weitzel, 2007, S. 15.
[273] Vgl. Lohberg, 2006, S. 135.

3. E-Recruiting

Der Einsatz von E-Recruiting Methoden spiegelt den Lauf der Zeit wider und stellt vor allem eines sicher:

„*Im Wettbewerb um die Right Potentials werden zukünftig die Unternehmen erfolgreich sein, die den einzelnen Bewerber als Kunden verstehen und im Recruiting-Prozess mit entsprechenden Instrumenten jederzeit zielgerichtet auf die individuellen Bedürfnisse eingehen können.*"[274]

---

[274] Schröter/Schwartz, 2002, S. 40.

4. Fazit

Die Entwicklung des Internets macht auch vor den Personalabteilungen der Unternehmen in Österreich nicht halt. Es ist wichtig, sich als attraktiver, moderner Arbeitgeber darzustellen und die elektronischen Medien bieten die perfekte Möglichkeit dazu.

Im Laufe der letzten Jahre hat sich der Einsatz von E-Recruiting Instrumenten angefangen von Jobausschreibungen auf der unternehmenseigenen Webseite bis hin zur Nutzung von Karriere- und Jobportalen für die Gestaltung eines idealen Medien-Mix in vielen Unternehmen etabliert. Medientransformatoren erleichtern diesen Mix noch zusätzlich.

Neue Möglichkeiten der Online-Personalsuche haben sich zusätzlich entwickelt. Social Networking, Online-Karrieremessen u. a. verbinden die Vorzüge des Internets mit der frühzeitigen Umwerbung von potentiellen Arbeitskräften.

Der Einsatz des E-Recruitings ist zum heutigen Zeitpunkt jedoch noch nicht abgeschlossen. Wie die Recruiting-Trends für Österreich zeigen, wird es auch in den kommenden Jahren darum gehen, die Verwendung der Instrumente der Online-Personalsuche in den Unternehmen zu verstärken.

Auch dem E-Recruiting selbst sind noch Grenzen gesetzt. Das persönliche Bewerbungsgespräch ist aus heutiger Sicht im Prozess der Personalbeschaffung noch nicht wegzudenken. Daran wird sich wohl auch in den nächsten Jahren noch nichts ändern, da dieses ein unverzichtbares Instrument zur Bewertung eines potentiellen Kandidaten beziehungsweise eines potentiellen Arbeitgebers ist.

Die Entwicklung des E-Recruitings wird meiner Meinung nach weiter voranschreiten. Das Bewusstsein für den Einsatz von E-Recruiting ist durch die wachsende Bedeutung des Internets gestiegen und es zeigt sich, dass sich kein erfolgreich agierendes Unternehmen ein Ignorieren der Trends des E-Recruitings aufgrund der Vorteile, die sich dadurch offenbaren, mehr leisten kann. Es obliegt also bereits jetzt den Unternehmen, die bereits integrierten E-Recruiting Methoden weiter zu intensivieren und auszubauen.

Literaturverzeichnis

Albert, Günther: Betriebliche Personalwirtschaft, 6. Auflage, Ludwigshafen, Kiehl, 2004

Baldia, Patrick: Gut fürs Geschäft, in: Geld, 03/2008, S. 28-34

Beger, Astrid / **Schwalbe**, Silke: Die Rolle des eHRM in der Personalwelt, in: Personal, 08/2003, S. 10-13

Bertelsmann, Gunter: Interne Personalbeschaffungswege / Forschungsbericht, in: Bröckermann Reiner / Pepels Werner (Hrsg.): Handbuch Recruitment / Die neuen Wege moderner Personalakquisition, Planung, Beschaffungswege, Auswahlverfahren, Beiträge aus Forschung und Praxis, Berlin, Cornelsen, 2002

Berthel, Jürgen: Personal-Management, 3. Auflage, Stuttgart, Poeschel, 1992

Böck, Ruth / **Gärtner**, Tina: Was Jobbörsen Unternehmen kosten und bringen, in: Personal, 07/2003, S. 28-31

Bröckermann, Reiner / **Pepels**, Werner (Hrsg.): Handbuch Recruitment / Die neuen Wege moderner Personalakquisition, Planung, Beschaffungswege, Auswahlverfahren, Beiträge aus Forschung und Praxis, Berlin, Cornelsen, 2002

Bruns, Iris/**Frölich-Krummenauer**, Melanie: Personalmarketing im Internet, in: Personal, 10/2000, S. 536-542

Detmers, Ulrike: Externe Personalbeschaffung: Klassisches Posting / Forschungsbericht, in: Bröckermann Reiner / Pepels Werner (Hrsg.): Handbuch Recruitment / Die neuen Wege moderner Personalakquisition, Planung, Beschaffungswege, Auswahlverfahren, Beiträge aus Forschung und Praxis, Berlin, Cornelsen, 2002

Dick, Jürgen: Auswirkungen der Web-Technologie auf den Recruitment-and-Selection-Prozess, in: Hünninghausen, Lars (Hrsg.): Die Besten gehen ins Netz / Report E-Recruitment: Innovative Wege bei der Personalauswahl, Spezial-Ausgabe 2002, Düsseldorf, Symposion, 2002 (zit. 2002a)

Literaturverzeichnis

Dick, Jürgen: Online Assessments als Personalmarketinginstrument, in: Hünninghausen, Lars (Hrsg.): Die Besten gehen ins Netz / Report E-Recruitment: Innovative Wege bei der Personalauswahl, Spezial-Ausgabe 2002, Düsseldorf, Symposion, 2002 (zit. 2002b)

Eckhardt, Andreas / **König**, Wolfgang / **von Stetten**, Alexander/ **Weitzel**, Tim: Recruiting Trends 2007 – Österreich / Eine empirische Untersuchung mit den Top-1.000 Unternehmen aus Österreich, Frankfurt und Bamberg, 2007

Eckl, Michael / **Finke**, Alexandra: Evolution E-Recruitment – Das Internet als Rekrutierungsmedium, in: Hünninghausen, Lars (Hrsg.): Die Besten gehen ins Netz / Report E-Recruitment: Innovative Wege bei der Personalauswahl, Spezial-Ausgabe 2002, Düsseldorf, Symposion, 2002

Eckstein, Peter / **Klugmann**, Patricia / **Schmeisser**, Wilhelm: Externe Personalbeschaffungswege: Progressives Posting / Forschungsbericht Personalrecruiting im Internet, in: Bröckermann Reiner / Pepels Werner (Hrsg.): Handbuch Recruitment / Die neuen Wege moderner Personalakquisition, Planung, Beschaffungswege, Auswahlverfahren, Beiträge aus Forschung und Praxis, Berlin, Cornelsen, 2002

Engel, Petra: Bewerbersuche in Zeiten der Krise, in: Personal, 10/2003, S. 36-37

Felder, Rupert / **Ritter**, Wolfgang: eBusiness im Personalbereich, in: Personal, 07/2001, S. 368-372

Gersdorf, Sandra / **Voigt**, Bernd-Friedrich: Spielerisch neues Personal finden, in: Personal, 04/2004, S. 10-13

Giesen, Birgit: Von der Online-Präsentation zum integralen eCruiting, in: Personal, 03/2001, S. 140-143

Giesen, Birgit: Von der Online-Präsentation zum integralen Electronic Recruiting, in: Hünninghausen, Lars (Hrsg.): Die Besten gehen ins Netz / Report E-Recruitment: Innovative Wege bei der Personalauswahl, Spezial-Ausgabe 2002, Düsseldorf, Symposion, 2002

Literaturverzeichnis

Giesen, Birgit / **Jüde**, Peter: Personalmarketing im Internet, in: Personal, 02/1999, S. 64-67

Gutmann, Joachim: Jobbörsen und Karriereportale in Deutschland / Eine Marktübersicht mit Handlungsempfehlungen, in: Hünninghausen, Lars (Hrsg.): Die Besten gehen ins Netz / Report E-Recruitment: Innovative Wege bei der Personalauswahl, Spezial-Ausgabe 2002, Düsseldorf, Symposion, 2002

Hepp, Martin: Das Internet-Bewerbungsbuch, Landsberg am Lech, mgv, 1996

Hofert, Svenja: Stellensuche und Bewerbung im Internet, 2. Auflage, Baden-Baden, Humboldt, 2005

Hönigsberger-Rupp, Regina / **Rupp**, Christian: Jobs online / Karriere mit Hilfe des Web / Richtig suchen, richtig bewerben, richtig aufsteigen, Wien, Public Voice, 2001

Hünninghausen, Lars (Hrsg.): Die Besten gehen ins Netz / Report E-Recruitment: Innovative Wege bei der Personalauswahl, Spezial-Ausgabe 2002, Düsseldorf, Symposion, 2002

Hünnighausen, Lars: Personalsuche als strategischer Erfolgsfaktor – Einführung und Zielsetzung des Buches, in: Hünninghausen, Lars (Hrsg.): Die Besten gehen ins Netz / Report E-Recruitment: Innovative Wege bei der Personalauswahl, Spezial-Ausgabe 2002, Düsseldorf, Symposion, 2002

Jäger, Wolfgang: E-Business im Human Resource Management, in: Personal, 03/2001, S. 136-139

Jüde, Peter / **Köhler**, Kerstin: Electronic Recruiting / Erfolgskriterien des Online-Personalmarketing, in: Personal, 03/2000, S. 152-155

Klose, Jan: E-Recruiting: Kosteneinsparpotentiale bisher unvollständig realisiert, in: Personal, 02/2003, S. 39-42

Krüger, Karl-Heinz: Personalauswahl: Angebotssichtung / Forschungsbericht, in: Bröckermann Reiner / Pepels Werner (Hrsg.): Handbuch Recruitment / Die neuen Wege moderner

Literaturverzeichnis

Personalakquisition, Planung, Beschaffungswege, Auswahlverfahren, Beiträge aus Forschung und Praxis, Berlin, Cornelsen, 2002

Lohberg, Sven: Online-Recruiting / Externe Personalgewinnung über das Internet, Saarbrücken, VDM, 2006

McCarter, John / **Schreyer**, Ray: The Employer's Guide to Recruiting on the Internet, Manassas Drive (Manassas Park), Impact Publications, 1998

Nicolai, Christiana: Personalmanagement, Stuttgart, Lucius & Lucius, 2006

Olfert, Klaus / **Steinbuch**, Pitter A.: Personalwirtschaft, 5. Auflage, Ludwigshafen, Kiehl, 1993

Paschen, Michael: Praxisbericht / Neue Wege und neue Medien – Warum das klassische Posting in bestimmten Märkten nicht zu ausreichender Resonanz führt, in: Bröckermann Reiner / Pepels Werner (Hrsg.): Handbuch Recruitment / Die neuen Wege moderner Personalakquisition, Planung, Beschaffungswege, Auswahlverfahren, Beiträge aus Forschung und Praxis, Berlin, Cornelsen, 2002

Pepels, Werner: Einleitung: Was ist Recruitment?, in: Bröckermann Reiner / Pepels Werner (Hrsg.): Handbuch Recruitment / Die neuen Wege moderner Personalakquisition, Planung, Beschaffungswege, Auswahlverfahren, Beiträge aus Forschung und Praxis, Berlin, Cornelsen, 2002

Rieck, Wolf: Externe Personalbeschaffung: Scouting / Forschungsbericht: High Potentials durch Scouting gewinnen, in: Bröckermann Reiner / Pepels Werner (Hrsg.): Handbuch Recruitment / Die neuen Wege moderner Personalakquisition, Planung, Beschaffungswege, Auswahlverfahren, Beiträge aus Forschung und Praxis, Berlin, Cornelsen, 2002

Riley Dikel, Margaret / **Roehm**, Frances E.: The Guide to Internet Job Searching / 2000-2001 Edition, Lincolnwood (Chicago), VGM Career Horizons, 2000

Schröter, Thomas / **Schwartz**, Mareike: Der E-Cruiting-Workflow und seine Umsetzung im Unternehmen, in: Hünninghausen, Lars (Hrsg.): Die Besten gehen ins Netz / Report E-Recruitment: Innovative Wege bei der Personalauswahl, Spezial-Ausgabe 2002, Düsseldorf, Symposion, 2002

Literaturverzeichnis

Simon, Hermann u.a.: Effektives Personalmarketing, Wiesbaden, Gabler, 1995

Steffens-Duch, Silvia: Human Resources im Internet, in: Personal, 11/2001, S. 614-619

Triadis, Vasilios: Internet-Revolution im Personalmanagement?, in: Personal, 11/2001, S. 620-622

Vollmer, Randolph: Die Zukunft der Stellenanzeige, in: Personal, 03/2003, S. 32-33

Weideneder, Michael: Erfahrungsbericht: Personalvermittlung im Internet, in: Personal, 07/2001, S. 384-387

Wiener, Claudia: E-Recruiting im Auf und Ab der Trendwellen, in: Personal, 08/2003, S. 22-24

Verzeichnis der Internetquellen

Arbeitsmarktservice Österreich
http://www.ams.at/index.html [11.01.2010]

http://www.ams.at/ueber_ams/14155.html [11.01.2010]

http://www.ams.at/ueber_ams/14159.html [11.01.2010]

http://jobroom.ams.or.at/entry/un_aut_login.htm [24.03.2008]

Austrianweb
http://www.austrianweb.at/webkataloge-eintragen.htm [15.04.2008]

Bundesministerium für Finanzen
http://www.bmf.gv.at/Steuern/BrgerinformationArbeitnehmerPensionisten/Dienstvertragfreier_518
1/Dienstvertrag-Freier-Dienstvertrag-Werkvertrag-2008.pdf [25.03.2008]

Careesma
http://www.careesma.at/de/employer [31.03.2008]

http://www.careesma.at/de/jobseeker [31.03.2008]

http://www.careesma.at/de/statistics.php [31.03.2008]

http://www.careesma.at/de/us.php [31.03.2008]

ePunkt
http://www.epunkt.net [01.04.2008]

http://www.epunkt.net/Content/Contact/Profile.aspx [01.04.2008]

Google
http://groups.google.at [11.01.2010]

Internet World Business
http://www.internetworld.de/Artikel.120.0.html?viewfolder=080218&viewfile=04_36_01_karriere [05.05.2008]

Jobadler
http://www.jobadler.at [31.03.2008]

Jobankünder: Die regionale Jobbörse
http://www.ooejob.at [01.04.2008]

Jobbörse
http://www.jobboerse.at [01.04.2008]

Jobcenter
http://www.jobcenter.at [31.03.2008]

Jobfair
http://www.jobfair24.at [04.04.2008]

Jobmedia
http://jobmedia.krone.at/index.php?lay=true [01.04.2008]
http://jobmedia.krone.at/index.php?modul=suche_schnell&ergebnis=true#ergebnis [14.04.2008]

Jobmonitor
http://www.jobmonitor.com [31.03.2008]
http://www.jobmonitor.com/cgi-bin/jobmonitor_info.pl?a=2#t1 [31.03.2008]
http://www.jobmonitor.com/company [31.03.2008]

Jobrobot
http://www.jobrobot.at [03.04.2008]
http://www.jobrobot.de/content_2100_topjob_veroeffentlichen.htm?PHPSESSID=7947b8174c7936 1a14453d124d6b9fce [15.04.2008]

Karriere
http://www.karriere.at [30.03.2008]
http://www.karriere.at/home/presse.php?do=detail&id=2287 [03.04.2008]

Kepler Society – Johannes Kepler Universität Linz
http://www.ks.jku.at/index.php?cid=3 [24.03.2008]

Verzeichnis der Internetquellen

LinkedIn

http://www.linkedin.com [10.01.2010]

Monster

http://jobsuche.monster.at/search.aspx?q=&cnme=&zip=&rad=2&lid=1336&lid=1337&lid=1338&lid=1339&lid=1340&lid=1341&lid=1342&lid=1343&lid=1344&cy=at&vw=b&utf8=%C9%98 [14.04.2008]

http://www.monster.at [30.03.2008]

http://www.monster.at/about [30.03.2008]

Oberösterreichische Nachrichten

http://markt.nachrichten.at/?em_maske=suche_ergebnis&em_markt=89 [14.04.2008]

Scheuch

http://www.scheuch.at [11.01.2010]

Standard

http://derstandard.at/?url=/anzeiger/derjob/SearchForm.aspx [01.04.2008]

Statistik Austria

http://www.statistik.at/web_de/klassifikationen/klassifikationsdatenbank/weitere_klassifikationen/bildungsklassifikation/index.html [11.01.2010]

http://www.statistik.at/web_de/Redirect/index.htm?dDocName=029050 [11.01.2010]

http://www.statistik.at/web_de/static/isced_xls_-_bildungsklassifikation_LatestReleased_023241.xls [21.03.2008]

http://www.statistik.at/web_de/statistiken/informationsgesellschaft/ikt-einsatz_in_haushalten/index.html [20.03.2008]

http://www.statistik.at/web_de/statistiken/informationsgesellschaft/ikt-einsatz_in_haushalten/020541.html [20.03.2008]

http://www.statistik.at/web_de/statistiken/informationsgesellschaft/ikt-einsatz_in_haushalten/020542.html [20.03.2008]

http://www.statistik.at/web_de/statistiken/informationsgesellschaft/ikt-einsatz_in_unternehmen_e-commerce/index.html [20.03.2008] http://www.statistik.at/web_de/statistiken/informationsgesellschaft/ikt-einsatz_in_unternehmen_e-commerce/020543.html [20.03.2008]

http://www.statistik.at/web_de/statistiken/informationsgesellschaft/ikt-einsatz_in_unternehmen_e-commerce/020544.html [20.03.2008]

StepStone

http://www.stepstone.at [30.03.2008]

http://www.stepstone.at/leitbild.cfm [30.03.2008]

http://www.stepstone.at/partners.cfm [30.03.2008]

http://www.stepstone.at/the_network.cfm [14.04.2008]

Symposion

http://www.symposion.de/e-recruitment/e-recruit-03.htm [20.03.2008].

Tchibo

http://tchibo.cyquest.de [11.01.2010]

Ubisoft Kanada

http://www.jobs.ubisoft.ca [26.03.2008]

Unijobs

http://www.unijobs.at/data/index.php [14.04.2008]

http://www.unijobs.at/data/kriterien.php [01.04.2008]

Webkatalog-Eintragservice

http://www.webkatalog-eintragsservice.at [15.04.2008]

Wirtschaftskammern Österreichs

http://portal.wko.at/wk/sn_detail.wk?AngID=1&DocID=777612&StID=368724 [06.04.2008]

Xing

http://www.xing.com [10.01.2010]

Zum Autor

Reisinger Thomas, geb. 1984, studierte Produktion & Management mit Schwerpunkt KMU an der Fachhochschule Oberösterreich, Campus Steyr. Während seines Studiums war er im Bereich Digital Marketing Management und Community Development als Praktikant bei der Ubisoft GmbH in Düsseldorf tätig und absolvierte ein Auslandssemester auf der Clarkson University im Bundesstaat New York, USA. Nach seinem Abschluss als „DI (FH)" begann er seine Arbeit als „Project Manager" bei der JoWooD Group, einem Publisher von Computer- und Videogames. Zur Zeit kümmert er sich in diesem Unternehmen als „Online Sales Manager & Project Coordinator" neben vielen kleineren Projekten vor allem um den digitalen Vertrieb von Computerspielen.

Die VDM Verlagsservicegesellschaft sucht für wissenschaftliche Verlage abgeschlossene und herausragende

Dissertationen, Habilitationen, Diplomarbeiten, Master Theses, Magisterarbeiten usw.

für die kostenlose Publikation als Fachbuch.

Sie verfügen über eine Arbeit, die hohen inhaltlichen und formalen Ansprüchen genügt, und haben Interesse an einer honorarvergüteten Publikation?

Dann senden Sie bitte erste Informationen über sich und Ihre Arbeit per Email an *info@vdm-vsg.de*.

Sie erhalten kurzfristig unser Feedback!

VDM Verlagsservicegesellschaft mbH
Dudweiler Landstr. 99
D - 66123 Saarbrücken

Telefon +49 681 3720 174
Fax +49 681 3720 1749

www.vdm-vsg.de

Die VDM Verlagsservicegesellschaft mbH vertritt

Printed by Books on Demand GmbH, Norderstedt / Germany